Ingrid Riedel

Träume – Wegweiser in neue Lebensphasen

Ingrid Riedel

Träume – Wegweiser in neue Lebensphasen

AIRA

MIX
Papier aus verantwortungsvollen Quellen
FSC® C019821
FSC
www.fsc.org

Neuausgabe 2013
Bisheriger Titel: Träume. Wegweiser in neue Lebensphasen

www.herder.de

www.aira-verlag.de
Umschlagkonzeption: Guter Punkt, München
Umschlagmotiv: © iStockphoto/Thinkstock

Druck und Bindung: Druckerei C. H. Beck, Nördlingen
Printed in Germany
ISBN 978-3-95474-106-9

Inhalt

Vorwort

Wenn eine Frau, ein Mann ihre Träume wichtig genug nehmen, um sie aufzuschreiben, vielleicht sogar ein Traumtagebuch führen, dann pflegen sie ihren Träumen meistens ein Datum beizufügen, damit sie später noch wissen, nach welchem Tag, in welcher Nacht sie sie geträumt haben. Dadurch lassen sich die Träume mit den jeweiligen Ereignissen des Vortages oder auch des nachfolgenden Tages in Beziehung setzten. Wie Traumvergleiche zeigen, gibt es tatsächlich solche Beziehungen, hierauf beruht überhaupt die Bedeutung der Träume. Ihre Bedeutung schränkt sich natürlich nicht auf den Tag davor und danach und ist nicht nur die Erhellung des vorhergehenden und auch nicht nur die Wegweisung für den kommenden Tag – dies natürlich auch –, sondern Träume dienen, wie alle, die Traumtagebücher führen, bezeugen, auf der rückblickenden Durchleuchtung ganzer Lebensabschnitte und der vorausahnenden Anstrahlung, ja dem Entwurf künftiger Lebensphasen. Aus dieser Einsicht heraus ist auch die gute Gepflogenheit entstanden, Träume, die man veröffentlichen möchte, nie ohne Altersangabe des Träumers und seines Geschlechts hinausgehen zu lassen. Das beruht auf der Erfahrung, dass die emotionale Stimmung von Träumen, ihrer Thematik und Problematik sehr viel mit der jeweiligen Lebensstufe des Träumers, der Träumerin zu tun haben und dass sich die Träume, werden sie an des Schwellen des jeweiligen Lebensalter geträumt, darüber hinaus oft schon auf das beziehen lassen, was in der neuen Lebensphase auf den Träumer, die Träumerin zukommen wird. Vielfach werden Träume hierbei zu echten Wegweisern.

Aus der Beobachtung, wie viel die jeweilige Altersstufe der Träumer mit der Art und Botschaft ihrer Träume zu tun hat, ist die Idee entstanden, einmal dem nachzugehen, was Frauen und Männer beim Übergang von ihren Zwanzigern in die dreißiger Jahre, von den Dreißigern in die Vierziger, in die Fünfziger und so fort träumen, und dabei zu erkennen, ob sich in den Übergangskrisen in kommenden Phasen auch mögliche neue Lebenschancen entwickeln lassen. In Gesprächen habe ich oft festgestellt, dass allein die Idee, in Träumen Orientierung über Künftiges zu finden, den Träumern Mut machte für die kommende Lebensphase und in ihnen die Bereitschaft weckte, die darin liegenden Chancen auszukundschaften. Ich hoffe, mein Versuch regt dazu an, entsprechende Erfahrungen und Überlegungen für sich selbst nachzuvollziehen.

Sehr herzlich danken möchte ich an dieser Stelle den Männern und Frauen, die mir für dieses Buch großzügig Traummaterial aus verschiedenen Lebensstufen zur Verfügung gestellt haben. Mein Dank gilt auch Verena Kast für ihre Zustimmung, dass ich einige der Träume, die sie veröffentlicht hat, unter der Perspektive der Lebensübergänge noch einmal neu beleuchtete.

Konstanz, im November 1996
Ingrid Riedel

Der Lebensfahrplan

Ob es wohl so etwas wie eine Wanderkarte für unsere Lebenslandschaft gibt, ein Wege- und Straßennetz gleichsam mit gewissen Hinweisschildern, mit Wegweisern? Vielleicht sogar so etwas wie einen Fahrplan? – Tröstlich wäre es ja.

Bahnträume: Wie wir unsere Züge bekommen

Die überaus zahlreichen Träume von Eisenbahnzügen, die von den unterschiedlichsten Menschen berichtet werden und für die es typisch ist, dass man darin die *Züge*, um die es geht, nur noch mit Mühe oder gar nicht mehr bekommt, sprechen dafür, dass es einen solchen Fahrplan gibt, und sie sprechen zugleich dafür, wie wichtig es ist, dass wir die Wegstrecken samt den Entwicklungsaufgaben, die sie uns stellen, auch befahren, um die entsprechenden Entwicklungsziele zu erreichen. Nach Erik Erikson kommen zwar versäumte Züge zumindest einmal im Leben noch einmal vorbei, die meisten sogar mehrmals, so dass wir eine Entwicklungsaufgabe, die wir in der dafür vorgesehenen Phase nicht lösen konnten, noch einmal angehen können. Das Problem besteht nur darin, dass sie dann zu den Aufgaben einer neuen Phase hinzukommt und die Lebensreise dadurch als ganze komplizierter wird.

Unser Leben verläuft in großen Phasen – Kindheit, Adoleszenz, frühes, mittleres und spätes Erwachsenenalter, hohes Alter – in Übergängen, die wir, wenn möglich, bewusst erleben sollten, indem wir uns Zeit für sie nehmen. Früher ließ man einen Acker, nachdem er Frucht getragen hatte, eine Zeitlang brach liegen, damit er sich in aller Stille regenerieren konnte. Und in alten Kulturen pflegte man die Schwelle in ein neues Lebensalter mit Scheu, Ehrfurcht und in ausgedehnten Ritualen zu überschreiten.

Am Beispiel einiger Träume von Bahnreisen möchte ich bedenken, inwiefern gerade in als krisenhaft erlebten Übergängen von einer Lebensstation zur anderen Träume so etwas wie Orientierungshilfen sein können.

Überflüssiges Lebensgepäck

Eine Frau, 36-jährig, Mutter einer drei Monate alten Tochter, träumt, sie reise in einem Zug, furchtbar schwer beladen mit eigenem Gepäck, mit dem Säugling und auch noch mit fremdem Gepäck, das sie für jemand anderen mit befördert. Als sie aussteigen muss, kann sie nicht alles rechtzeitig aus dem Zug bringen, bevor er weiterfährt. Ihr Kind und einen Teil des eigenen Gepäcks hat sie herausgeholt, ehe der Zug wieder anrollt, ein anderer Teil des eigenen Gepäcks, vor allem aber das gesamte fremde Gepäck fährt weiter.

Der Traum erschreckt sie zunächst. Wie soll sie es verantworten, dass das fremde Gepäck allein weiterreist?

Versuchen wir, dennoch das Wegweisende in diesem Traum zu erkennen. Gerade weil er so unbefriedigend endet, fordert er die Träumerin zum Nachdenken und zum Umdenken heraus. Er zeigt ihr schon auf den ersten Blick, wie sehr sie sich überladen hat – mit eigenem und mit fremdem Gepäck. Im Gespräch über den Traum ergibt sich, dass ein Teil des eigenen Gepäcks die Seminarveranstaltungen sind, die sie selber zu leiten hätte, die sie aber wegen der damit verbundenen Trennung von ihrem Baby, das sie alle zwei Stunden stillt, jetzt noch nicht wieder übernehmen will. Der Traum macht ihr das klar und hilft ihr zu der Entscheidung, eine Verlängerung ihres Mutterschaftsurlaubs zu beantragen. (In der Schweiz, wo die Träumerin lebt, ist er nur knapp bemessen.) Dieser sehr verantwortungsbewussten Frau musste der Traum erst klarmachen, dass sie ein Recht zu einem solchen Antrag hatte.

Zu dem zusätzlichen fremden Gepäck fielen der Träumerin die Probleme ihrer alten Mutter ein, mit denen sie sich selbst stark beladen hatte. Die alte Mutter wollte aus Geldnot die Werkstatt ihres verstorbenen Mannes verkaufen, konnte sich aber nur schwer gegen die Ansprüche eines ihrer Söhne abgrenzen – eine Angelegenheit, in die sich die Träumerin als Beschützerin ihrer alten Mutter gegen den Bruder allzu sehr hatte verwickeln lassen. Zusätzlich belasteten sie die Probleme einer Freundin, von der sie ständig als Beraterin in deren Ehekrise in Anspruch genommen wurde. – Mit all diesem fremden Gepäck könne und dürfe sie sich jetzt, da sie doch ein Baby hat, nicht allzu sehr belasten, sagte der Traum. Er machte ihr, der sehr hilfsbereiten Frau, Mut, sich erst einmal um ihr Kind zu kümmern, das ihr sehr viel bedeutete, und das Übrige weiterfahren, ja, fahren zu lassen.

Der unerlaubte Transit nach drüben

Eine junge Frau, 26 Jahre alt, die ihren Partner sehr plötzlich verloren hat, träumt, sie fahre mit ihm im selben Zug. Als der Zug jedoch die Grenze erreicht, wird sie von den Grenzbeamten dringlichst aufgefordert, auszusteigen.

Der Traum sagt ihr unmissverständlich, dass sie den Transit noch nicht überschreiten, dem Freund nicht nachreisen darf. In den Grenzbeamten, die ihr das verbieten, erkennt sie beim Nachdenken eigene Gewissensinstanzen, die ihr bewusst machen, wie stark die Impulse in ihr sind, dem Partner nachzusterben. Das ist ihr nicht erlaubt, sie muss ihnen widerstehen. Diesen Traum hätte sie wohl nicht geträumt, wenn ihr die heimliche Sehnsucht, dem Freund nachzusterben, ein suizidaler Impuls, bewusst gewesen wäre. Er machte ihr diese Tendenzen deutlich und half ihr damit, sich dagegen zu schützen.

Unterwegs nach Ruhsitz

Ein 52-jähriger Mann hetzt sich im Traum bis zur Erschöpfung ab, um bestimmte Züge zu bekommen, Busse, Taxis. Er versäumt sie alle, verfährt sich, auch sein Mobiltelefon versagt, bis er schließlich – er ist nun mit dem Fahrrad unterwegs – an eine Wegkreuzung kommt, an der er auf ein groß geschriebenes Hinweisschild stößt: »Nach Ruhsitz«.

In den Ruhestand soll er mit seinen 52 Jahren wohl noch nicht eintreten, doch sagt der Traum ihm unüberhörbar, dass es für ihn darum geht, aus einem hektisch gewordenen, allzu extravertierten Lebensstil herauszukommen und damit aus dem Versuch, die fällige Entwicklungsaufgabe durch beschleunigte Bemühungen und Beförderungsmittel technischer Art zu erledigen. Stattdessen empfiehlt ihm der Traum das Fahrrad, auf dem er sich aus eigener Kraft und nach dem eigenen inneren Zeittakt fortbewegen kann, und zwar in Richtung eines Ruhesitzes. Das muss nicht unbedingt heißen, dass er sich auf seinen Ruhestand vorbereiten soll, wohl aber, dass er innerlich zu einem Ruhesitz finden muss, um sich überhaupt erst einmal über den inneren und wohl auch äußeren beruflichen Standort klar zu werden, der ihm im Übergang vom mittleren ins späte Erwachsenenalter zugewiesen ist. Erst diese Standortbestimmung im Lebensfahrplan könnte ihn befähigen, die Prioritäten zu setzen, die er für die kommende Lebensphase braucht. Vielleicht geht es auch darum, einmal ins Auge zu fassen, was seinem Leben auch dann noch Sinn und Wert geben könnte, wenn die Zeit der Berufsarbeit beendet ist.

Ein etwa gleichaltriger Mann entdeckte in den Jahren jenseits der Fünfzig die Beziehung zu einer Frau wieder – als einen Wert, der auch über die Zeit des Berufes hinaus Gültigkeit behalten würde, und er begann, an dieser Beziehung und ihrer tieferen Erfüllung energisch zu arbeiten.

Türen, die sich vor einem schließen

Eine 61-jährige Frau träumt: »In allerletzter Minute gelingt es mir, einen ICE zu erreichen. Ich springe auf, wie ich in meiner Jugend oft auf die Trittbretter der eben anfahrenden Züge aufgesprungen bin. Doch bei diesen modernen Zügen schließen sich die Türen automatisch. So klebe ich draußen am Zug, als er eben anfährt, halte mich krampfhaft fest und bin bange, wie lange ich mich wohl werde festhalten können …«

Ein Traum, der besagt, dass sie für diesen Zug eigentlich zu spät dran ist. Auf was sie aufspringt, ist nicht mehr der Zug ihrer Jugend in der Nachkriegszeit mit Trittbrettern und Plattformen. Man ging damals nachsichtiger als heute mit zu spät Gekommenen um; manchmal gab der Zugführer sogar noch ein paar Sekunden zu, ehe er zur Abfahrt pfiff, wenn jemand außer Atem ankam, der noch mitfahren wollte. Regionalzüge machen das auch heute noch so, nicht aber Fernzüge. Die Träumerin muss an diesem Traum erkennen, dass die Zeit fortgeschritten ist – sie ist

61 Jahre alt. Lebenszüge, die sehr weit hinausfahren, sind superschnell, dafür ist sie »zu spät« dran. Gewisse weitreichende Pläne wird sie opfern müssen. Jetzt noch aufzuspringen wäre lebensgefährlich, mehr noch: Der Traum zeigt ihr die ernsthafte Gefahr für Leib und Leben, die daraus entstehen kann, dass sie sich noch immer krampfhaft an einem Zug festhält, dessen Türen sich bereits vor ihr verschlossen haben. Die Situation ist unhaltbar. Die aufgeschreckte Träumerin muss sich überlegen, was diesem krampfhaften Sich-Festklammern an einem fahrenden Zug mit verschlossenen Türen entspricht. Sie muss loslassen lernen.

Lebensübergänge haben trotz der vorgegebenen Phasen auch einen je individuellen Rhythmus und lassen sich nur ungefähr in Jahren angeben. Aber sie kündigen sich an. Typisch für einen anstehenden Phasenwechsel ist wachsende Unzufriedenheit mit sich selbst und mit den Umständen. In solchen Zeiten spüren wir immer genauer, was uns zu einem wirklich erfüllten Leben fehlt – eine Bilanzierung, die sich gelegentlich zur massiven Abwertung der jetzigen Lebenssituation steigern kann. In dieser Zeit der Entwertung des Bisherigen kann es zu einer depressiven Verstimmung kommen, bis wir, wenn auch unter Trauer, schließlich erkennen, was sich nicht länger halten lässt und wovon wir uns verabschieden sollten. Eine solche Verstimmung, aus der sich nur allmählich Fantasien von etwas Neuem abheben, sollten wir keinesfalls überspringen. Rufen wir uns in dieser Phase vielmehr noch einmal ins Bewusstsein, was bisher unser Leben ausgemacht hat, aber auch das, was fehlte und jetzt vielleicht ins Leben hereingeholt werden kann.

In dem Gefühl, an eine Grenze zu stoßen und im Umbruch begriffen zu sein, bilden sich allmählich auch neue Wertvorstellungen heraus, die unter Umständen noch für längere Zeit von alten Werten bekämpft werden, mit denen wir so lange gelebt haben.

Das Pferd in der Diele

Eine Frau Anfang vierzig, die mitten in einem beruflichen Umbruch war, träumte von einem kraftvollen Pferd, das plötzlich mitten in der Diele zwischen den Umzugskisten erschien. Ungeduldig und dringlich verlangte es nach frischer Luft und Bewegung im Freien, auch wenn es zuvor noch tausenderlei scheinbar Dringlicheres zu erledigen galt, zum Beispiel die Schwiegereltern hereinzubitten, die eben unter der Tür auftauchten.

Das Pferd stand für die ursprüngliche Lebensenergie dieser Frau, für ihren Freiheitswillen und ihre Autonomie, die als neue Wertvorstellung wieder in ihr zu eng gewordenes Leben drängte. Im Traum entschied sie sich dafür, als Erstes das Pferd ins Freie zu führen, und überließ die Umzugskisten samt den Schwiegereltern zunächst einmal sich selbst.

Krisen und Chancen des Übergangs

In Übergangszeiten erleben wir uns wie ein Haus im Umbau, träumen auch von solchen Häuserbaustellen oder von Umzügen, sind uns unserer Identität unsicher und wissen nicht mehr, ob wir das, was wir sein wollen, noch sein können. In solchen Umbruchzeiten sind wir in vielerlei Hinsicht krisenanfällig. Altbekannte psychische und somatische Störungen können plötzlich wieder akut werden, Komplexe, die wir glaubten überwunden zu haben, brechen noch einmal auf. Damit kommt der »Zug«, den wir in einer früheren Lebensphase vielleicht versäumt hatten, tatsächlich noch einmal vorbei, zugleich aber auch beladen mit unseren immer noch ungelösten Problemen. Gewiss erschreckt es uns, wenn wir zunächst noch einmal in alte Beziehungsschwierigkeiten und Krankheiten zurückfallen, doch angesichts dieses noch einmal vorbeikommenden Zuges besteht auch die Chance, eine der Entwicklungsaufgaben, die wir bis jetzt noch nicht optimal haben meistern können, erneut anzugehen.

Übergänge sind wie Schwangerschaften, nicht leicht durchzustehen. In jedem Fall aber sind es Zeiten, in denen uns ein intensiver Kontakt mit uns selbst guttut, Zeiten, die uns in die Introversion rufen. Frühere Kulturen sahen vor allem für den Eintritt in die Pubertät Rückzugsmöglichkeiten und entsprechende Übergangsrituale vor. Die jungen Siouxindianer wurden beim Eintritt ins Erwachsenenalter in die Einsamkeit geschickt, auf die Suche nach einer Vision für ihr Leben. Für mehrere Tage oder länger blieben sie in der Wildnis. Auch die Mädchen wurden um die Zeit ihrer Reifung von ihrer Familie abgesondert, in Waldhütten oder andere einsame Orte gebracht, wo sie unter der Anleitung älterer Frauen in den Umgang mit den physischen und psychischen Wandlungsvorgängen zur Frau vertraut gemacht wurden. Keine der alten Stammeskulturen überließ in diesem dramatischen Übergangsstadium die jungen Frauen und Männer sich selbst.

Für die schwierige Ablösung zwischen der Mutter und dem herangewachsenen Kind, insbesondere für die Ablösung von der Tochter, wurde in Griechenland während der Eleusinischen Mysterien, die einen einzigen großen Übergangsweg darstellten, das Ritual eines neuntägigen und neunnächtigen Pilgerwegs begangen, das schließlich in einer liturgischen Feier gipfelte, die sich mit einer christlichen Osternachtsfeier vergleichen lässt. Dabei wurde die

Neugeburt des Korns, die Neugeburt eines Kindes für Tochter und Mutter gefeiert. Die Tochter wurde zur Mutter, damit auch die Mutter neu zur Mutter, nun Großmutter wurde, und damit begann für beide Frauen auch eine neue Phase ihrer Beziehung zueinander (Riedel 1995/1986, 154 f.).

Die Schwellen zu neuen Lebensphasen sind gefährliche Übergänge für die Psyche. Dafür bietet die Gesellschaft heute allenfalls ein wenig Beratung an, die aber weit entfernt ist von der Intensität und Wandlungskraft, die den Eleusinischen Mysterien eigen gewesen sein müssen. Denn sie stellten eine liturgisch-rituelle Begehung dar, die in einem überwältigenden Lichterlebnis mündete, vorbereitet durch das schweigende Betrachten einer reifen Ähre, die, emporgehalten wie eine Monstranz, Zeichen sein sollte für die Fruchtbarkeit des Lebens durch alle Wandlungen hindurch. Nach dem Durchgang durch das Dunkel des Beraubtseins – Hades, der Unterweltsgott, das im Mädchenalter einbrechende Männliche, hatte der Korn- und Lebensgöttin Demeter Persephone, ihre Tochter, entführt – traten in diesem Mythus und dem zugehörigen Ritus Hades, Mutter und Tochter einander schließlich als Gleichwertige gegenüber.

Übergangsrituale sind notwendig, vor allem am Lebensende, wo für die Sterbenden der große Transitus ansteht. Und für die Überlebenden und ihren Trauerprozess sind sie nicht minder wichtig. 49 Tage und Nächte lang stand im alten Tibet der Hinterbliebene mit Gebeten und Gedanken dem Verstorbenen bei, damit er sich hinüberbewegen könne in jene andere Welt und nicht mehr zurückgezogen würde in die irdische Existenz. So half er dem Verstorbenen, sich von den irdischen Bindungen zu lösen, und damit auch sich selber, den Verstorbenen an seine neue Existenz freizugeben.

Dieses Freigeben als Notwendigkeit für die eigen Seele und als Wunsch des Verstorbenen spiegelt sich in dem Traum einer 80-Jährigen nach dem Tod einer ihr sehr lieben jüngeren Freundin, die viel gemalt hatte: In allen Farben, vor allem aber im Regenbogen, werde sie ihr künftig wieder begegnen. Hier taucht das große Versöhnungsmotiv auf vom Ende der Sintflut, der so vieles zum Opfer gefallen war. Dieser Traum ermöglichte der Trauernden nach dem Schock des Verlustes eine erste Versöhnung mit dem Geschehenen.

Haus-Träume: Wie wir unser Leben bewohnen

Übergangsriten sind unentbehrlich bei allen kleineren und größeren Wechselfällen des Daseins, zum Beispiel bei Umzügen, die große seelische Erschütterungen mit sich bringen können. Innerlich nicht vollzogene Übergänge in neue Wohn- und Lebenssituationen zeigen sich oft darin, dass wir von alten Wohnungen träumen, Wohnungen, die oft in einem unhaltbaren Zustand sind, mit bröckelnden Wänden und nicht mehr schließenden Türen. So träumte eine Frau in der Lebensmitte immer wieder von einem von ihr seit Jahrzehnten nicht mehr bewohnten Apartment in einem Hochhaus, und bei starkem Wind bog sich das Hochhaus wie ein zerzauster Baum. Es war Zeit für sie, die innere Bindung an jene Lebensphase, während der sie in jenem Apartment gelebt hatte, loszulassen. Das nicht Bewältigte, noch immer Mitgeschleppte jener Zeit spiegelte sich in diesem immer wiederkehrenden Traum. Die Wahl des Hochhausmotivs weist außerdem oft darauf hin, dass in der Lebensphase, zu der diese Hochhauswohnung gehört, etwas sehr hoch hinaus wollte, vielleicht war es auch etwas abgehoben und realitätsfremd.

Vom Hochhaus zurück auf die Erde

Eine Frau Mitte dreißig war außerordentlich überrascht, als sie im Traum auf der obersten Hochhausplattform ein Pferd stehen sah, das sich plötzlich von der Plattform löste und mit einem tollkühnen Sprung auf der Erde landete, bis zum Bauch einsinkend in weiche Gartenerde, doch unverletzt.

Ihr »Pferd«, ihre Vitalität, ihr Körper, wohl auch ihre Sexualität waren in den zuvor vergangenen Jahren hinauf in diese abgehobene Höhe geraten, hatten sich gleichsam verstiegen und vom wirklichen Leben entfernt. Nun löste sich dieses Pferd spontan und sprang hinab, dorthin, wo es wieder echten Boden, Gartenerde unter die Hufe bekam und wo etwas wachsen konnte. Die Träumerin konnte sich nicht genug darüber wundern, dass das Pferd einen solchen Sprung gewagt hatte und noch dazu heil geblieben war. Darin zeigte sich die innere Notwendigkeit dieses Absprungs.

Verstorbene gleich nebenan

Eine 61-Jährige träumte von einer verwahrlosten Wohnung aus einer viel früheren Lebensphase, in der sie im Traum auch jetzt noch lebte. Ihr zunächst vages Unbehagen wich Entsetzen, als sie zufällig bemerkte, dass ihre Vermieterin in den Nebenräumen deren verstorbene Eltern in einbalsamiertem Zustand aufbewahrte.

In Gestalt ihrer Vermieterin zeigte der Traum ihr die eigene Unfähigkeit, sich von den verstorbenen Eltern, vom Elternhaus zu lösen. Der Traum mit dem Entsetzen angesichts der einbalsamierten Leichen samt dem Impuls, unverzüglich aus dieser Wohnung auszuziehen, ließ sie erkennen, wie sehr die »unbegrabenen« Eltern ihren Lebensraum, ihr Lebensgefühl belastet hatten. Er gab ihr den entscheidenden Anstoß zu einer endgültigen Ablösung von den Elternkomplexen. Sie fand ein äußerliches Ritual, indem sie ihre heutige Wohnung mit duftenden Kräutern und Essenzen ausräucherte, und griff damit ein altes Totenritual auf. Dabei spürte sie, wie sich etwas von ihren Elternkomplexen auflöste und sie frei zu werden begann.

Neue Übergangsriten

Übergangsriten sind erst recht notwendig bei schmerzlichen Verlusten, zum Beispiel dem Verlust von Arbeitsstellen, die heute so oft »wegrationalisiert« werden, so dass der Betreffende womöglich umschulen muss. Gerade auch bei den heute vielfach unfreiwilligen Umzügen, zu denen viele gezwungen sind, um an anderen Orten Arbeit zu finden – auch die Lebensthematik der so genannten Wirtschaftsflüchtlinge gehört hierher –, wären klare Abschiedsrituale in der alten und Ankunftsrituale in der neuen Umgebung hilfreich, um die Entwurzelung zu bewältigen.

Von einem geglückten Übergangsritual bei einem turnusmäßigen Stellenwechsel möchte ich berichten, weil es lohnend ist, sich für solche Lebensübergänge neue Formen einfallen zu lassen und sie auch wirklich zu begehen. Der Mitarbeiter- und Freundeskreis gestaltete für einen Studienleiter in der Erwachsenenbildung, der gemäß einem Rotationsverfahren seine Stelle nach fünf Jahren fruchtbarer Arbeit verlassen musste, ein spontanes Ritual. Da der Abschied auf das traditionsreiche Fastnachtswochenende fiel, wurde es ein Ritual mit Masken:

Um Mitternacht, als seine Zeit abgelaufen war, schlugen wir auf Trommeln und Schellen, um die Stunde anzuzeigen, die »es geschlagen« hatte, während der bisherige Leiter, der eine von seinen Freunden gestaltete Königsmaske trug, von seinem »Thron« herabstieg. Der Thron hatte die Gestalt einer Stehleiter und verkörperte ebenso anschaulich wie ironisch das Leiter-Prinzip. Unten angekommen legte er die Maske ab und damit auch seine bisherige Rolle. Er wurde zu einem nahe gelegenen Brunnen begleitet, wo er die Stufen zur Quelle hinunterstieg und einen frischen Trank gereicht bekam. Als er wieder emporgestiegen war, wurde ihm zu Ehren ein bunter, von innen leuchtender Heißluftballon losgelassen, der die guten Wünsche aller in die Nacht hinein und damit in die offene Zukunft trug.

Die für ihn in diesem Übergang, im »Herabsteigen vom Thron« zeitweilig verloren gegangene Identität wurde durch seinen Gang zur Quelle, zum »Gesundbrunnen« (so heißt jene Quelle wirklich) neu begründet und durch den Ballon, erfüllt mit neuen Fantasien und Plänen, in die Zukunft hinein entworfen.

Das Besondere an diesem Ritual war, dass sich seine Gestaltung spontan ergeben hatte. In solchen Momenten zeigt sich, dass unsere Psyche von symbolischen Formen und Übergängen »weiß«, als seien sie ihr eingestiftet. Wir hatten durchaus etwas geplant, um diesen Abschied zu gestalten, aber das war ganz anders gewesen. Die Dynamik der Gruppe und das innere Gesetz der Psyche, die solche Symbole des Übergangs kennt, haben wie von selbst diese rituelle Form gefunden und Gestalt werden lassen.

Aufgrund dieser und ähnlicher Erfahrungen möchte ich ausdrücklich dazu ermutigen, solche neuen Rituale zu suchen und zu finden, wann immer uns derartig unvorhergesehene und bittere Abschiede treffen. Es liegt den Ritualen die gleiche Fähigkeit zur Symbolisierung zugrunde, die auch die Träume entstehen lässt, Träume, die oft so etwas wie durchlebte Rituale darstellen oder zumindest wie Partituren oder Rollentexte für Rituale sind. C. G. Jung spricht in diesem Zusammenhang von der symbolschaffenden, der »transzendenten Funktion« (Jung 1916, 273 f.) der Psyche, womit er ihre staunenswerte Fähigkeit meint, unvereinbar scheinende Gegensätze wie zum Beispiel die bisherigen und die neuen Lebensumstände zu einem vereinigenden Dritten zu verbinden, etwa durch eine symbolische Brücke (Lehr 1984, 297–311) zwischen beiden. Wo eine solche Gegensatzvereinigung ansteht, stellen sich oft Träume von Brücken ein. Und diese Fähigkeit der Psyche, Symbole zu bilden, Traumsymbole oder ganze Traumhandlungen, ist ihre transzendente, ihre überschreitende und Gegensätzliches verbindende Funktion.

Träume als Wegweiser

Lassen sich Krisen, Chancen und Entwicklungsaufgaben der jeweiligen Lebensstufe und die Art und Weise der Lebensübergänge an Träumen erkennen? Lebensübergänge treten nicht einfach nach dem Kalender ein, obwohl sich auch bei der Feier der »runden Geburtstage« entsprechende Gefühle des Übergangs einstellen können. So viel lässt sich gleich zu Anfang sagen: Diese Schwellen kündigen sich sogar untrüglich in unseren Träumen an, vor allem in den Emotionen, die mit ihnen verbunden sind. Träume werden dadurch zu Wegweisern in ganz prägnantem Sinn. Vor allem die Zielrichtung ihrer Botschaft, die finale Funktion, soll im Folgenden deutlich werden.

Träume lehren uns immer wieder staunen über das innere Wissen unserer Psyche, über ihr Ahnungsvermögen und ihr Vorauswissen von der symbolischen Bedeutsamkeit unseres Entwicklungsweges. Sie erst lehren uns überhaupt, dass es einen Entwicklungsweg, einen inneren Fahrplan des menschlichen Lebens gibt, dessen Phasen und Rhythmen unserer Psyche eingestiftet zu sein scheinen. Dies zu erfahren ist für viele tröstlich und schafft Vertrauen in die größeren und tieferen Zusammenhänge unseres Lebens. Wenn ich mit dreißig oder auch fünfzig Jahren in eine Krise meiner bisherigen Identität, meines bisherigen Lebensverständnisses gerate, heißt das nach dem Verständnis der Analytischen Psychologie gerade nicht, dass ich eine labile Persönlichkeit wäre, sondern darin zeigt sich vielmehr meine Offenheit und meine Durchlässigkeit für die objektiv anstehenden Umbrüche, für den Anstoß und den Aufruf der Psyche zur Weiterentwicklung.

Der ängstigende Ruf zum Aufbruch aus dem Vaterhaus

Als eine Frau, damals Ende vierzig und im Traum bereits auf der Schwelle ihres Hauses stehend, die Aufforderung einer unüberhörbaren und unerbittlichen Stimme vernahm, ihr »Vaterhaus« zu verlassen und aufzubrechen in ein Land, das ihr gezeigt werden würde – die Traumstimme glich der Stimme Gottes, die Abraham zum Aufbruch ins Unbekannte rief –, da hielt sich die Träumerin die Ohren zu, verspürte heftige Angst vor der Zumutung dieses Aufbruchs, fiel in Ohnmacht und erwachte – noch immer träumend – im Sandkasten ihrer Kindheit, mit Eimerchen, Schäufelchen und Förmchen spielend.

Beim Aufwachen aus diesem Traum fühlte sich die Träumerin durch diese Schluss-Szene sehr beschämt (Riedel 1991, 216–221). Der Ruf an sie blieb jedoch unvergesslich. Konnte sie ihm auch nicht sofort Folge leisten – die Angst, alles verlassen zu müssen, war zu groß –, so konnte sie doch bei dem schöpferisch spielenden Kind in ihr selber ansetzen und in Sandkastenspielen den künftigen Aufbruch gleichsam vorwegnehmen und erproben.

Auch wenn bei dieser Frau, wie bei vielen von uns, dem wirklichen Aufbruch eine »Regression im Dienste des Ich« (Ernst Kris) vorausgehen musste, wurde sie doch unüberhörbar und völlig phasengerecht von dem Ruf zu einem neuen Aufbruch erreicht; zugleich damit kündigte sich der nahende Übergang hinein in die Jahre jenseits der Fünfzig an. Eine Frau in den Wechseljahren kann nicht im »Vaterhaus« verharren, auch nicht, wenn dieses »Vaterhaus« die bisherige Form ihrer Ehe ist, wie sich nach diesem Traum herausstellte. Sie muss dem Ruf in den Aufbruch hinein folgen, auch wenn das verheißene Land ihr noch wie eine offene Wüste erscheint.

Wenn etwas ins Rollen kommt

Eine andere Träumerin, ebenfalls Ende vierzig, beobachtet vom Tal aus an einem Berghang mitten im Bachbett einen jungen Mann, als die Steine, auf denen er steht, plötzlich ins Rollen kommen. Überaus geschickt und elegant gleitet er fast wie auf Rollschuhen mit den Steinen zusammen ins Tal, ihr entgegen. Er trägt ein goldenes Trikot und eine Maske vor dem Gesicht.

Der Traum ist ein gutes Beispiel für die Bildsprache, die wir verstehen lernen müssen. Nicht in Gestalt ihrer selbst, sondern in der jenes überaus beweglichen jungen Mannes, einer schöpferisch-tänzerischen Brudergestalt, erlebt die Träumerin von ihrem Standort aus, dass etwas »ins Rollen« kommt, herabkommend aus einem hoch gelegenen Ort, vielleicht aus dem Reich ihrer Fantasie, auf die Ebene des alltäglich gelebten Lebens. Das goldene Trikot zeigt den Glanz, die Kostbarkeit dessen an, was da auf sie zukommt, und die Maske weist auf etwas geheimnisvoll Fremdes, das sie noch nicht wirklich kennt. Es ist ihre eigene körperliche Beweglichkeit, ihre tänzerische Begabung, die der Träumerin in ihren späten Vierzigern noch einmal jung und neu entgegenrollt und den endgültigen Anstoß zu einem beruflichen Lebensübergang gibt: nun noch eine Ausbildung in Tanztherapie zu beginnen. Zugleich hilft ihr diese unerwartet junge, neue Animusgestalt in der Folge zu einer Veränderung ihrer bisherigen Einstellung zu den Männern – bisher hatte ihr Interesse eher dem väterlich-geistigen Mann gegolten –, auch wenn diese junge Tänzergestalt im goldenen Trikot zunächst eine innere Gestalt ist, also ausschließlich ein inneres Potenzial in ihr darstellt.

Das nahende Boot der geheimnisvollen Frau

Eine nachdenkliche, dunkelhaarige Frau mit mondartigen, milchig-blauen Augen rudert einem jungen Mann im Traum entgegen. Sie ist dabei, einen See zu überqueren, und ist schon im letzten Drittel, schon fast bei ihm.

Er erwacht mit einem überaus innigen Gefühl von Sehnsucht, ist sehr zu ihr hingezogen. An dem Traum spürt er untrüglich, dass zu einer Frau, der er vor Kurzem begegnet war, ein ungleich stärkeres erotisches Gefühl in ihm aufgekommen war, als er zunächst bewusst wahrgenommen hatte. Zugleich entdeckte er in dieser Frau eine echte Animafigur, eine Seelen-Gestalt, die als Anteil der eigenen Psyche mit der seinen zusammenklang und sein eigenes psychisches Leben von da an ungemein belebte, indem er auf Träume, Fantasien und seine Intuition zu achten lernte. Dadurch hat sich auch sein Literaturstudium von innen her neu zu füllen begonnen, nachdem er es wegen des überwiegend rational-wissenschaftlichen Zugangs zur Literatur, wie er ihn an der Universität kennen lernte, schon fast hatte aufgeben wollen, weil er die Literatur dadurch als entseelt empfunden hatte.

Beide Träume – der von dem Tänzer im goldenen Trikot und der von der Frau auf dem See – zeigen, wie neue Lebensmöglichkeiten von sich aus, spontan auf das Ich zukommen. Sie kommen dem Ich, das hier noch unbewusst ist, zuvor. Die mondäugige Frau überquert an Stelle des Träumers den See, der »goldene« Jüngling bewältigt den Bach mit den rollenden Steinen. Das entspricht der Auffassung von C. G. Jung, dass die Impulse zu Lebensübergängen jeweils von der zentralen Instanz der Persönlichkeit, dem Selbst, beziehungsweise den faszinierenden Seelenführergestalten von Anima und Animus ausgehen, die dem Ich überlegen sind und ihm die entsprechenden

Anstöße geben. Die neue Lebensmöglichkeit besteht dann darin, diesen Impuls, der der bisherigen Lebensweise und Lebensauffassung vielleicht eher fremd ist, in das Bewusstsein und in die Lebensführung aufzunehmen.

Traumdeutung

An dieser Stelle möchte ich auf einige bewährte Methoden beim Umgang mit Träumen eingehen, auch wenn Träume als spontane Äußerungen unseres Unbewussten, oder genauer: unseres tieferen Wissens, eine so elementare Sprache sprechen, eine jedem Träumer selbst so eigene Sprache, dass sie keineswegs nur dem Spezialisten zugänglich sein dürften, sondern einem jeden, der die Bildersprache, die Symbolsprache seines eigenen Inneren ernst nimmt, sie nicht künstlich rationalisiert und sie auch nicht nur als Verschlüsselung ihrer eigentlichen Botschaft auffasst. Die Symbolsprache, meinte Erich Fromm, sei die einzige Fremdsprache, die ein jeder von uns lernen sollte. Nach C. G. Jungs Auffassung (Jung 1936 ff./1916, 263–308/1945, 306–327/1947, 148–171) ist die symbolische Traumsprache nicht so zu verstehen, wie Sigmund Freud meinte, dass sie die eigentliche Botschaft des Traumes – aus Angst oder Abwehr – verschlüsselt, sondern sie ist die jeweils bestmögliche Sprache und beschreibt in bildhaften Situationsschilderungen und Symbolen eine Lebenslage, die noch ganz oder teilweise unbewusst ist und nun gerade so und nicht anders ins Bewusstsein treten kann. Wenn zum Beispiel »etwas ins Rollen« gekommen ist, zeigt dies der Traum in den rollenden Steinen eines Bachbetts, ähnlich wie wir in einer Scharade die Redewendung »ins Rollen kommen« versuchen würden in ein Bild umzusetzen und darzustellen. Es ist wichtig, das Traumbild, die Traumszene mit etwas in Beziehung zu setzen, was sich zu der Zeit im eigenen Leben ankündigt. Zum Beispiel können wir die Landschaft, die der Traum schildert, auf die eigene Lebenslandschaft beziehen, die Jahreszeit im Traum auf die Phase in unserem Lebenslauf, das Wetter im Traum auf unsere äußere und innere »Wetterlage«, nämlich die Stimmung im augenblicklichen oder im sich ankündigenden Leben.

Unwetter und Regenbogen

Es zeigt natürlich eine bedrohliche Lebenssituation an, wenn im Traum ein Gewitter mit so heftigen Sturmböen aufkommt, dass es den Träumer samt seiner Familie vom Damm ins Meer zu werfen droht. Wenn im Traum dagegen der Regenbogen erscheint, wird ersichtlich, dass das Unwetter vorüber ist, der Konflikt versöhnt, ist der Regenbogen doch seit dem biblischen Bericht von der Sintflut das große Versöhnungszeichen, ebenso wie er nach einem Unwetter aufleuchtet, wenn sich das wiederkehrende Licht der Sonne in letzten Tropfenschleiern bricht. Was sind Traumsymbole anderes als uralte Bilder, von der Natur abgelesen, von der Kulturgeschichte vieler Völker angereichert und der menschlichen Seele schließlich eingeprägt – abrufbar und aktualisierbar in der jeweiligen Lebenssituation!

Die Personen und auch alle anderen Lebewesen, die im Traum vorkommen, beziehen sich entweder auf wirkliche Personen und Lebewesen in unserem Umkreis, die denen im Traum gleichen – so die mondäugige Frau im Kahn –, oder auf innere Figuren, die es in unserem äußeren Leben nicht oder noch nicht gibt – wie der Mann, der auf den rollenden Steinen des Bachbetts zu der Träumerin hinabtanzt. Wir sprechen im ersten Fall, wenn es sich im Traum um eine uns bekannte Person der Außenwelt handelt, von der Deutung auf der »Objektstufe«. So erinnerte den Träumer die Frau auf dem See an eine Frau, die er vor Kurzem kennen gelernt hatte, und machte ihn darauf aufmerksam, dass er in sie verliebt war, was sein Tagesbewusstsein bis dahin noch nicht zugegeben hatte.

Wenn wir im Traum eine Person kennen lernen, die wir in der Außenwelt nicht kennen, können wir den Traum auf der »Subjektstufe« interpretieren, also so, dass uns in der Person ein Stück von uns selber begegnet, das uns bisher unbekannt war. So war es bei der Frau im Tal ihr eigener jugendlich-männlicher Impuls, sich mit Tanz zu beschäftigen und eine tanztherapeutische Ausbildung zu machen, der ihr bildhaft vor die Augen trat. Sie konnte sich mit diesem Impuls innig verbinden.

Überhaupt ist die gefühlsmäßige Wirkung der Träume äußerst wichtig, um sie richtig zu verstehen. Damit sind sowohl die Gefühle während des Traumes selbst gemeint als auch diejenigen, die beim Aufwachen nachklingen, sei es die Angst vor der Schwellenüberschreitung oder einer Flussdurchquerung, sei es die Freude über das glückliche Ankommen am neuen Ufer. Träume sind auf der einen Ebene nichts anderes als Bildgefäße für Emotionen, die dramatischen Handlungen der Träume zugleich so etwas wie Transformatoren von Gefühlen. Darin liegt ihre kathartische, ihre reinigende Kraft. Kein Traum ist verstanden, bevor wir die in ihm aufgebrochenen Gefühle im Gespräch freigesetzt, wahrgenommen und in die Wirklichkeit eingebracht haben. Dabei sind die Emotionen in den Träumen nicht einfach frei flottierend anwesend, sondern eingebunden in Farben, Landschaften, Bilder, Situationen und Handlungen. Darin besteht gerade die Funktion des Träumens: Gefühle aufzunehmen, ihnen Gestalt zu geben und sie umzugestalten.

In nächtlichen Träumen setzt sich die Psyche mit quälenden oder auch mit anspornenden Impulsen aus dem Alltag – momentanen oder von früher her nachwirkenden – auseinander und spielt gleichsam Probehandlungen durch, bis eine auch emotional stimmige Lösung gefunden ist, die bei entscheidenden Lebensübergängen einer Flussüberquerung, einer Wüstenexpedition oder auch einer Nachtmeerfahrt gleichen kann.

Erwachen wir in Panik, sind wir vielleicht zu früh erwacht, durch äußeren Lärm womöglich mitten aus der Traumproduktion gerissen. Da hilft nichts anderes, als an dem entsprechenden Problem weiter zu träumen und es zusätzlich auch bewusst weiter auszufantasieren, bis eine Lösung gefunden wird, die die Notlage aufhebt und bei der sich Neuland auftut.

Dies gelingt aber nur beim Durchspielen aller zugehörigen Emotionen; auch beim Erzählen des Traums oder bei Assoziationen dazu, ob mit einem Therapeuten oder sonst einer vertrauten Person ausgetauscht, dürfen sie nicht übersprungen werden. Die Emotionen bilden gleichsam den energetischen Motor, die Antriebskraft des Traums, und bei Lebensübergängen zeigen sie zudem ganz genau, ob wir in angstvollem Zögern vor dem Aufbruch stecken, wie jene Frau, die in ihrem Traum aus dem »Vaterhaus« ihrer Ehe heraus in die Offenheit der Wüste gerufen und aus Angst vor diesem Auftrag im Traum ohnmächtig wurde, oder ob wir uns bereits mutig, die Bangnis ertragend, auf den Weg gemacht haben und nun mitten im Übergang sind, wie jene Träumerin, die einen Bergtunnel durchfahren will, der aber immer enger wird, so dass sie ihn schließlich zu Fuß, aber nun bis zum Ende durchquert. Vielleicht kommen wir in unserem Traum, wenn auch erschöpft, so doch glücklich schon auf Neuland an, wie eine Träumerin auf frisch gepflügtes Ackerland trifft, während sie ihre alte Wohnung gelassen dem Feuer überlässt.

Die zärtliche Hand auf der Wunde

Äußerst wichtig ist auch, welche Rolle das Ich bei diesen Übergängen spielt. Der Träumer kann sich zum Beispiel mit der krebskranken Freundin identifizieren, die in seinem Übergangstraum vorkommt, vor ihr erschrecken und sich in seinem Lebenswillen beeinträchtigen lassen – allein schon deshalb, weil sie in seinem Traum vorkommt –, oder er kann wahrnehmen, wie hilfreich-liebevoll sein Traum-Ich sich der Kranken annimmt, indem es die Hand fast zärtlich auf die gut verheilende Operationswunde legt.

Dieser Mann hat sich im Traum seiner verwundeten weiblichen Seite – er hat in seinem Leben nicht mit Krebs zu tun, wohl aber eine Trennung zu verkraften – freundschaftlich, ja therapeutisch zugewandt, innerlich lehnt er sie nicht länger ab, nimmt sie vielmehr an. Das ist ein günstiges Zeichen für die Zukunft, dass er nämlich die Lösung aus einer unerfüllten Beziehung, die sein Leben fast wie ein Krebsgeschwür zu überwuchern drohte, gut bestehen wird und ein neues, gesundes Lebensgefühl zurückgewinnen kann.

Am Beispiel dieses Traums weise ich auf die wichtige prospektive oder finale Perspektive in der Trauminterpretation hin (Jung 1916, 273 f.). Aus dieser Perspektive ist zu fragen: »Wozu ist dieser Traum geträumt, worauf weist er voraus, welche Zukunftsperspektive peilt er an?« Die finale Betrachtungsweise steht im Gegensatz zur rein retrospektiven, die nach dem Warum eines Traums fragt und danach, auf welche früheren, vor allem Kindheitserfahrungen er wohl zurückgeht. Zweifellos bringt auch die

Retrospektive wichtige seelische Erfahrungen und Traumata ans Licht, die durchaus mit der jetzigen Übergangssituation zu tun haben können, weil bei dem Versuch, einen Lebensübergang zu meistern, frühere Blockierungen wieder anklingen und akut werden. Die finale Betrachtungsweise aber fragt im Unterschied dazu nach der Prognose für die gegenwärtige Krise.

Archäologie einer Lebensgeschichte

Eine Frau, derzeit Ende fünfzig, legt im Traum auf einer archäologischen Grabungsstätte ihr ganzes bisheriges Lebensgelände frei. Dennoch weist der Traum auch darauf hin, dass dort, wo jetzt eine Grube ist, eine Badestätte zu entdecken ist und hier in Zukunft vielleicht wieder Wasser fließen wird.

Mit diesem Hinweis liegt die vorausweisende Perspektive schon im Traum selbst. In einer alten Ruinenstätte kann wieder lebendiges Wasser fließen – seelische Energie. Bilder von Bädern weisen immer auf Reinigung und Neuwerden hin, wenn auch oft durch ein Tauchbad, eine Regression hindurch. Oft ist es unvermeidlich, zunächst einmal zurückzugehen, dorthin, wo die Entwicklung eventuell den Faden verloren hat. Das kann in einer frühen Phase geschehen sein, in der manchmal nicht genug Geborgenheit gefunden und Selbstvertrauen aufgebaut werden konnten. Dann heißt es, durch archäologische Arbeit zurückzugelangen bis in ein Bad, wo man sich aufwärmen, entspannen, reinigen und erneuern, mit einem Wort: regenerieren kann, vielleicht durch eine neue Vertrauensbeziehung, die sozusagen den Boden abgibt für den Schritt aus dem Schutt der Vergangenheit hinaus. Die Badeszene mit ihrem freundlicheren Gehalt konnte in diesem Traum, der viele grausame Erinnerungen enthielt, nämlich erst entstehen, nachdem in der Szene zuvor ein ernster, stiller Betrachter dieser Lebenslandschaft aufgetaucht war, ein Therapeut, der die Träumerin zunächst etwas störte, schließlich aber von ihr akzeptiert wurde. Das zeigt auch die Wichtigkeit der Szenenfolge innerhalb von Träumen. Es ist mit der Aufeinanderfolge von Traumszenen oft wie mit derjenigen in Märchen: Verhält der Held, die Heldin oder das Traum-Ich sich stimmig im Sinne der Traumhandlung, befolgt es zum Beispiel den Rat eines weisen Fuchses, dann folgt in der nächsten Szene ein Entwicklungsschritt nach vorne. Missachtet es aber den Rat seines Seelenführers, erlebt es in der nächsten Szene einen Rückfall, einen »Reinfall«; der Held wird zum Beispiel – so in dem Grimmschen Märchen »Der goldene Vogel« – von falschen, neidischen Brüdern in einen Brunnen gestoßen und lange gefangengesetzt.

Die »Wilde Anna« ist los oder: Ein Ritual gegen die Ausbeutung

Eine bestimmte Szenenfolge ist auch in dem archetypischen Traum von der »Wilden Anna« zu erkennen, den eine 35-jährige Frau träumte, ein Jahrzehnt übrigens, bevor ein allgemeines ökologisches Krisenbewusstsein aufkam. Die Sorge und Empörung der Träumerin, die an der Küste die gefährliche Ölverschmutzung der Nordsee wahrnahm, rief in der zweiten Szene ihres Traums eine großartige, rächende Gestalt, die »Wilde Anna« auf den Plan, die eine vernichtende Sturmflut auslöste. Die »Wilde Anna« ist einerseits eine archetypische Gestalt, die empörte Seele des Meeres, hinaufragend bis in die Wolken, andererseits auch Bild für die Empörung der Träumerin, die innerlich mitschwingt mit dem Handeln der »Wilden

Anna« und auf deren Seite ist. Zugleich identifiziert sie sich jetzt, da ihre Empörung frei geworden ist, aber auch mit der Angst der möglichen Opfer der Flut. Und so »lässt sie« in der folgenden Traumszene die ausbeuterischen Menschen zur Einsicht kommen und sich zu einem Ritual der Versöhnung formieren. Indem sie das vollziehen – sie prozessieren in weiten Kreisen um eine Schale voll Wein (ein Bild des heiligen Grals?), besänftigt sich in der nächsten Szene auch die »Wilde Anna«, und die von ihr ausgelöste Flutwelle kommt zum Stehen, wird zurückgenommen.

Die Szenenfolge dieses Traums folgt unübersehbar der Psycho-Logik alter Mythen von der Besänftigung erzürnter Gottheiten durch Bußrituale schuldig gewordener Menschen. Trotz der in die Augen springenden überpersönlichen Gestalt dieses Traums und seiner Botschaft an alle enthält er doch eine nicht minder wichtige Botschaft an die Träumerin selbst, ihre »innere Ökologie« betreffend. Auch sie selbst war bis zu der Zeit, in der sie den Traum träumte, in der Gefahr gewesen, die eigene Seelentiefe auszubeuten und deren Schätze zu vermarkten, indem sie sie allzu sehr ihrem beruflichen Weiterkommen und Weitergeben dienstbar machte. Hier rief der Traum zum Umdenken, zur Umkehr.

Große Träume

Neben Träumen, die aus mehr oder weniger alltäglichem Material wie Bahn und Haus bestehen und trotzdem, wie wir sahen, von großer symbolischer Bedeutung sein können, erlebt wohl jeder Mensch das eine oder andere Mal im Leben einen so genannten »großen Traum«, einen, den er nie vergisst, auch wenn er ihn nie aufschreibt, und der ihm auch nach Jahren noch in gleicher Lebendigkeit und mit derselben erschütternden emotionalen Intensität wie einst vor den inneren Augen steht. Es ist vor allem der aufwühlende Gefühlston, der Eindruck, dass hier etwas in Erscheinung tritt, das einen »unbedingt angeht« (Paul Tillich) und das ganze Leben wenden könnte, was ihn zu einem »großen Traum« macht. Das eben erzählte Beispiel von der »Wilden Anna« ist ein solcher »großer Traum«.

Oft enthält ein solcher Traum auch überpersönliche, archetypische Bilder, die nicht nur den Träumer selbst, sondern die Menschen seiner Zeit überhaupt angehen und die mit großen Reservoiren an heilenden, rettenden Bildern in Berührung bringen, Bildern aus den Tiefenschichten unserer menschlichen Psyche, die in der Psyche eines jeden bereitstehen. Sie speisen sich aus den Überlebenserfahrungen von Generationen und können vor allem in besonderen Krisensituationen und Lebensübergängen in Erscheinung treten, dann eben, wenn wir sie besonders brauchen. In relativ ruhigen, konsolidierten Phasen unseres Lebens können wir keinen »großen Traum« erwarten, wir brauchen ihn dann nicht lebensnotwendig. Er kommt aber ungerufen in der Not. Dann weist er oft weit über das Problem des Einzelnen hinaus und schenkt uns ein heilendes Bild, das auch anderen gilt und an dem sich viele orientieren können.

Der Ausdruck »großer Traum«, den die Jungsche Trauminterpretation übernommen hat, stammt aus der Tradition des Schamanismus, wo der große Traum des Schamanen nicht nur diesem, sondern seinem ganzen Stamm zur »Vision« wird, die Weisung und Orientierung in Lebensfragen gibt, so wie das Versöhnungsritual der Menschen angesichts der empörten »Wilden Anna« zum Modell für heutige Versöhnungsrituale mit der Natur werden konnte, etwa die Menschenketten zum Schutz der Ostsee.

Ich führe als weiteres Beispiel für einen großen Traum den einer 60-Jährigen an, der ihr den inneren Weg für die Zeit nach der Pensionierung wies. Sie überschrieb ihn »Altes Ruinenfeld«. Ich gebe ihm bewusst die Überschrift:

Was in der Tiefe auf Entdeckung wartet

»Eine Unbekannte, Marianne und ich schlendern über den Platz, schauen herum. Wir können nicht mehr den gleichen Weg zurück, der Weg (Hag) ist zugewachsen. Eine verblühte Brennnessel steht da.

Wir steigen eine Treppe in die Erde hinunter. Eine verschlossene Tür ist da. Die Unbekannte klopft laut an. Ein Mann öffnet die Tür. Der Raum ist weiß gekachelt, sauber, leer. Ich sage: ›Wir sind hier bei den Toten!‹ Der Mann sagt: ›Ja, bei den Toten‹ und geht weg.

Wir warten und sehen einen Sarkophag, weiß, in der Mitte des Raumes. Ein Würfel, gekachelt, unheimlich.

Der Mann holt uns wieder. Wir stehen vor der nächsten verschlossenen Tür. Man kann hindurchsehen. Es ist mir unheimlich zumute. Der Mann, mit einem Werkzeug ausgerüstet, öffnet uns die Tür. Wir treten ein. Unter einem Glas sehe ich Kopf und Brust – eine Büste? – des Papstes Johannes XXIII. oder XXIV. Er bewegt die Lippen.

Ein wunderschöner Mann liegt nur als zarte Hülle da. Er ist aus Hauch, aus einer Farbe wie Nebel (Pietà?). Der Mann (Wärter, Hüter) geht ans Kopfende, massiert ihm zart die Brust, hegt ihn zärtlich. Ich sage: ›Er massiert ihn!‹ Er hat ihn etwas gedreht. Es scheint mir unglaublich. Eine Frau kommt herein. Sie geht zur Mitte.«

Dass der Wärter dem wunderschönen ätherischen Mann die Brust massiert, verwundert und bewegt die Träumerin am meisten. Hier muss der Schlüssel zum Traum liegen. Die Brust zu massieren heißt doch wohl, die Atmung, ja das Herz anzuregen, also wiederbeleben. Der Wunderschöne soll leben, er ist nicht endgültig tot.

Wenn der wunderschöne junge Mann, eine archetypische Gestalt des geheimnisvollen Fremden, in der 60-Jährigen wiederbelebt würde, käme ein aufbruchbereiter, tatendurstiger, erlösender Animusgeist in ihr Leben. Sie selbst würde wieder unternehmungslustig, ein gewisser Eros käme in ihre geistigen und künstlerischen Interessen, denn dieser noch so hauchzarte Mann ist das Entwicklungsfähige in ihr. Der Traum stellt eine Beziehung zu ihrer inneren Männlichkeit her, auch wenn diese vorerst noch sehr ätherisch erscheint und kräftig massiert werden muss, bevor sie wieder durchblutet ist.

Das nächste wichtige Motiv in diesem Traum ist Papst Johannes XXIII., der auch nicht tot ist, sondern spricht. Nur müsste er heraus aus seiner Situation. Er ist ja hinter Glas gebannt, isoliert, konserviert. Johannes XXIII. war bekanntlich der Papst, der in seinem hohen Alter und trotz äußerst kurzer Amtszeit damals der ganzen katholischen Kirche den Anstoß zur Erneuerung zu geben vermochte aus dem urchristlichen Geist der Liebe und der Geschwisterlichkeit heraus. Wenn die 60-Jährige von ihm träumt, wird ihr nahegelegt, dass auch sie ihr ganzes Lebensgebäude – analog zu der Kirche, um die es Johannes XXIII. ging – noch einmal erneuern könne. Konventionen, die ihr Leben behindert haben, können über Bord geworfen werden, neue, ungewohnte Kontakte dafür aufkommen.

Der würfelförmige Sarkophag – übrigens eine unübliche Form für einen Sarkophag – erinnert an ein Symbol für das, was C. G. Jung das Selbst nennt und das sowohl als Quadrat wie auch als Würfel erscheinen kann. Was heißt es, dass der Träumerin dieses Selbstsymbol als ein

Sarkophag erscheint, noch dazu steril und eingekachelt? Wieso das Selbstsymbol bei den Toten?

Als die Träumerin, ihr Traum-Ich mit den beiden Begleiterinnen, diesen Raum betritt, erscheint er ihr kalt und unheimlich. Andererseits kann sie nicht ausweichen, sie musste hier heruntersteigen. Zu Beginn des Traums hieß es ja: »Wir können nicht mehr den gleichen Weg zurück, er ist zugewachsen. Eine verblühte Brennessel ist da.«

Solche Hinweise im Traum bedeuten: Du musst den noch offenen Weg gehen, es gibt kein Zurück. Offen ist hier nur der Weg hinunter in die Gruft. Ob das Bild von der verblühten Brennessel der Träumerin einen Hinweis auf eine Lebensphase gibt, in der die alten Wege nicht mehr gangbar sind? Ein Traum vom Weg in die Gruft bedeutet keineswegs, dass man dem physischen Tod nahe wäre, er meint andererseits sehr ernsthaft, dass man zu etwas hinabzusteigen habe, das bisher verborgen war, tot geglaubt, beerdigt.

Mit großer Betroffenheit bemerkt die Träumerin, dass sehr lebendige Impulse, der wunderschöne Mann, die weise Vatergestalt von Johannes XXIII., dazu ihr eigenes Selbst mit seinen Entwicklungs- und Vollendungsmöglichkeiten in ihr schon nahezu »lebendig begraben« waren. Andererseits hat ihr in den letzten Jahren lebhaft erwachtes Interesse an Träumen dazu geführt, dass sie diesen Traum träumte, ihn schriftlich festhielt und schließlich in ein Gespräch mit Fachfrauen einbrachte.

Auf der Schwelle zum späten Erwachsenenalter hat dieser Traum ihr eine lebenswichtige und lebenswendende Botschaft mitgeteilt. Das Traum-Ich und seine beiden Begleiterinnen, die hier wie die drei Marien am Ostermorgen zur Gruft gehen, können als Anteile der Träumerin selbst gelten, die miteinander die große Entdeckung machen. Der Traum endet mit der bedeutsamen Wendung: »Eine

Frau kommt herein, sie geht zur Mitte.« Während die großen männlichen Gestalten, die Animusfigur des geheimnisvollen Fremden und der »Alte Weise« in Gestalt von Johannes XXIII. bei all ihrer Bedeutsamkeit für die Träumerin doch nicht im Zentrum dieses Raumes stehen, ist es eine Frau, die nun ohne zu zögern in die Mitte tritt. Dieses Bild kann nichts anderes bedeuten, als dass das weibliche Prinzip der Träumerin nunmehr in die Mitte des Tiefenraumes ihrer Seele tritt.

Für große Träume ist es nie zu spät und nie zu früh; sie kommen in allen Lebensaltern vor.

Archetypische Motive im Traum dieser 60-Jährigen sind der Gang in die Tiefe, die versuchte Totenerweckung durch Massieren beziehungsweise Berühren und die Gestalt des wunderschönen Mannes, einer Animusgestalt. Archetypisch ebenso der »Alte Weise« oder große Vater, hier verkörpert in Papst Johannes XXIII., archetypisch aber nicht zuletzt der weiße Würfel als Erscheinungsweise des Selbst. Eine nicht nur persönliche Nachricht, sondern eine Botschaft an das Kollektiv, jedenfalls an die noch existierende Christenheit dürfte auch der Hinweis auf Johannes XXIII. sein, der hier nicht tot ist, sondern spricht, allerdings in unwürdiger Isolierung. Deshalb fragt die Träumerin wohl auch, ob es sich nicht eher um Johannes XXIV. handelt, den es noch nicht gibt. Er wäre ein Zukunftspapst, eine reformerische Utopie für die Kirche und für sie selbst, die ihr aber bei ihrem Einstieg in die Tiefendimension ihrer inneren Welt unübersehbar begegnet.

Umgang mit Träumen

Besonders wichtig vor jeder »Anwendung« eines Traumes scheint mir zu sein, seine Bilder und ihre mutmaßliche Botschaft zu sich sprechen zu lassen, sie in Muße aufzunehmen, sich von ihnen betreffen und, wenn der Traum entsprechend ist, auch erschüttern zu lassen. Träume enthalten tiefes Wissen aus der Brunnenstube unserer Psyche.

Es ist sinnvoll, seine Träume aufzuschreiben, sie werden allein davon deutlicher und arbeiten auch uninterpretiert in uns weiter, wenn wir uns mit ihnen befassen. Unsere Seele kennt und versteht ihre Bilder und die zugehörigen Emotionen, bevor eine bewusste Deutung vorliegt. Heben wir allerdings Träume ins Bewusstsein oder auch ins Gespräch, so können wir den Blick in die Werkstatt unserer Seele, den wir damit tun, noch bewusster nutzen, um die Impulse und Lebensmöglichkeiten, an denen unsere Seele in Lebensübergängen arbeitet, aufzugreifen und sie für die nächsten Schritte zu nutzen. Träume verstärken ihre Wirkung noch, wenn wir sie malen oder eine besonders eindrucksvolle Traumfigur in Ton nachgestalten, wenn wir uns also kreativ mit ihnen befassen.

Manche tanzen ihre Träume auch, indem sie Gebärden und Bewegungsfiguren zu den entscheidenden Szenen finden. Besonders aufschlussreich ist es, wenn wir spontane Einfälle und Assoziationen zu den einzelnen Bildern, Personen oder Szenen der Träume aufsteigen lassen, sie in der Fantasie weiterimaginieren und uns darüber mit einer Fachfrau, einem Fachmann oder mit guten Bekannten austauschen. Zum Beispiel können wir zu der Gegend, die in dem Traum vorkommt, unsere Erinnerung befragen: Kennen wir den Bergbach eventuell, den es da zu überqueren gilt, lassen sich bestimmte Lebenssituationen und zugehörige Gefühle damit verbinden? Eine Träumerin, in deren

Traum ein Bergbach eine Rolle spielte, hatte vor Jahren mit ihrem Vater zusammen, der jetzt nicht mehr lebt, einen solchen Bach überquert. In diesem Traum schafft sie das alleine, auch wenn sie erst einmal hineinfällt. Anders als mit ihrem Vater zusammen kommt sie dabei in Berührung mit dem Wasser, das sich aber als erfrischend und freundlich erweist. Gerade durch die Panne, die ihrem Vater, wie sie meint, »nie passiert wäre«, kommt sie in Kontakt zu diesem Element seelischer Energie. Sie fällt, wie sie sich im Rückblick auf den Traum erinnert, in den Bach wie in eine Frischwasser-Badewanne und so fast in ein mütterliches Element. In diesem Traum kündigt sich ein Lebensübergang in die Selbstständigkeit vom Vater an – mit neuen Erlebnisweisen, zu denen auch das weibliche Element gehört.

Archetypische Bilder und Situationen

Bei Trauminterpretationen ist es auch immer wieder aufschlussreich, über die persönlichen Assoziationen der Träumer hinaus nach den Bedeutungen zu fragen, die Bilder wie Wasser, Bach, Strom, Furt und Brücke oder auch das Verschlungen- und Ausgespieenwerden vom Fisch für alle Menschen haben; Bedeutungen, die schon frühere Generationen kannten, wie die biblischen Erzählungen von der Überschreitung des Flusses Jabbok durch Jakob oder das Verschlungenwerden Jonas vom Wal erkennen lassen. Sie sind »urbildlich« und schließen auch unsere heutige Existenz ein. In diesem Zusammenhang sprechen wir von der kollektiven Bedeutung des Symbols oder von einer »archetypischen« Situation. So lässt sich die Lebenssituation des Träumers samt den Bildern, die der Traum für sie gefunden hat, in Verbindung bringen mit dem, was die Menschen auch schon früher mit diesen Symbolen und

Situationen gemeint haben. Der Traum von einer Übergangssituation schließt dadurch an die große Tradition der archetypischen Bilder und Szenen an, die durch Mythos und Bibel, durch Märchen und Dichtung von vielen Generationen und Völkern überliefert worden ist. Damit tritt das Traumerlebnis des Einzelnen in einen größeren Sinnzusammenhang. Das Auftauchen von kollektiven Symbolen im eigenen Traum oder in der eigenen Lebensgeschichte stärkt das Gefühl, ein echtes Menschenschicksal zu haben und mit den großen Erfahrungen der Menschheit verbunden und auch von ihnen getragen zu sein.

Auf die Frage, was ihr die Therapie gebracht habe, antwortete eine pensionierte Krankenschwester, die ein sehr hartes Leben gehabt hatte, nicht ohne Stolz: »Ich weiß jetzt, dass ich ein richtiges Schicksal gehabt habe.« Zuvor hatte sie sich für relativ belanglos gehalten, obwohl schon der Eingangstraum in die Analyse ihr bedeutsame Bilder aus der Menschheitstradition nahegebracht hatte: Sie befand sich damals plötzlich in einem Heilbad, das den Namen »Schlangenbad« trug – ein solches Bad gibt es wirklich – und das zu dem Zeitpunkt in einem sehr verfallenen Zustand war. Die Träumerin aber weiß, dass sie künftig hier Heilung finden kann. Die Schlange, die als Äskulapstab zum Symbol der Ärzte und Apotheker geworden ist, gilt als das heilende Wandlungssymbol schlechthin. Sie weist die Träumerin aber auch hin auf bisher eher tabuisierte Bereiche des Lebens wie Sexualität und Tod, die schon in der Sündenfallgeschichte mit der Schlange zusammengehören und unbedingt stärker in ihr Leben einbezogen werden wollen, wenn sie den fälligen Lebensübergang, die Wandlung bestehen will.

Die eigenen Übergangserfahrungen verbinden uns mit den großen Erfahrungen der Menschheit, so dass wir uns von ihnen mitgetragen fühlen, und das gilt auch für die verschiedenen Altersstufen, zu denen ich im Folgenden Träume vorstellen werde. Dass es Lebensübergänge nicht nur für mich allein gibt, sondern für alle und immer wieder, kann zugleich die Angst vor den anstehenden Transiten mildern und dazu verhelfen, den Mut aufzubringen, sich auf Prozesse einzulassen, die unabdingbar zur Entwicklung eines jeden Menschen gehören. Es handelt sich bei solchen Durchgängen und den entsprechenden Engpässen eben in gar keinem Sinn um »Pannen« oder um ein Versagen, sondern immer wieder neu um die Voraussetzung dafür, auf die nächste Lebensstufe zu gelangen. Schon dies zu begreifen kann ermutigen: Eine Analyse beispielsweise, die in eine echte Übergangskrise führt, zu der auch eine Identitätskrise gehören kann, sollte man keinesfalls als »falsch gelaufen« betrachten. Sie hat vielmehr an den kritischen Punkt geführt, wo es das alte Lebensufer zu verlassen gilt, um den Übergang zum neuen Ufer zu wagen. Wenn wir zudem erfahren, dass jeder dieser Lebensübergänge – analog der ersten Initiation bei vielen Völkern – aus drei Phasen besteht, dem Abschied, dem Übergang und dem Neubeginn, so kann ich in jeder der drei Phasen spüren, dass es mit ihnen seine Richtigkeit hat und dass es darauf ankommt, sie auszuschreiten, um dann den nächsten Schritt tun zu können. Der letzte Schritt besteht jeweils in der allmählichen Integration des beim Übergang Gewonnenen in die eigene Person, den eigenen Beruf und die wichtigsten Beziehungen.

Lebensübergänge haben je einen verschiedenen Charakter, ob sie nun bei Berufswechsel, bei einer lebensgefährlichen Krankheit, beim Verlust einer langjährigen Beziehung, bei der Vertreibung aus der Heimat oder beim Abschied von einem liebgewordenen Lebensort anstehen.

Bei aller Verwandtschaft untereinander haben aber die gleichsam regulären Übergänge, die mit keinerlei außergewöhnlichem Schicksalsschlag oder Unglück zu tun haben, sondern naturgegeben sind, einen je eigenen Charakter. Sie ergeben sich, wenn auch oft mit nicht geringerer Dramatik, aus dem Wechsel der Lebensstufen, der Lebensalter selbst. Nach jeweils sieben oder auch nach zehn Jahren stehen deutliche Schwellenüberschreitungen an, der Überstieg beispielsweise über die Schwellen der zwanziger, der dreißiger, der vierziger Jahre, von den schwierigeren Übergängen in die fünfziger und sechziger Jahre ganz zu schweigen. Was zeichnet diese Übergänge jeweils aus, wo liegen deren besondere Krisen und Chancen? Und vor allem: Wie kommt man über die jeweilige Schwelle, und wie kündigt sich der notwendige Übergang an?

Eines scheint deutlich zu sein: An solchen Schwellensituationen pflegen sich Träume einzustellen, vielleicht sogar zu häufen, die den Übergang einleiten und begleiten. So sagte kürzlich ein zwölfjähriger Junge, aufgeklärt und belesen, wie man heute mit zwölf Jahren sein kann, mit einem angstvollen Augenaufschlag zu seiner Mutter: »Jetzt kriege ich schon langsam ziemlich viel Angst vor der Pubertät ...« Nicht genau nach Jahren, wohl aber nach Phasen scheint sich unser Leben zu gliedern, und ein Phasenwechsel kündigt sich genau mit einer solchen Beunruhigung an, wie dieser Zwölfjährige sie zu erkennen gibt. Diesen Phasen und den ihnen entsprechenden Träumen will ich mich im Folgenden zuwenden.

Übergangsphasen zu durchleben braucht Geduld, bei den Betroffenen selbst, aber auch bei den anderen, die sie begleiten. Dazu gehört auch die sorgsame Beachtung und Betrachtung der in solchen Zeiten entstehenden Träume. Übergangsphasen emotional zu überspringen wäre ungünstig, könnte das Ankommen in der neuen Phase verzögern, ja eine Fixierung in der alten bewirken. Der Sprung ans neue Ufer will gewagt sein.

Die Lebensphasen

Einleitend möchte ich die wichtigsten Phasen, vor allem im Hinblick auf die zugehörige Entwicklung für das Ich beziehungsweise den Ich-Komplex schildern. Schließlich geht es in diesen Prozessen vor allem um unsere sich von Phase zu Phase entfaltende und wachsende charakteristische Identität.

Zwei ganz große Phasen, in denen unser Leben verläuft, erleben vor allem wir Frauen: den Übergang von der Kindheit zu der einschneidenden Erfahrung der ersten Menstruation und den zweiten großen Übergang, den die Wechseljahre bringen. Auch bei Männern finden sich die beiden Hauptphasen, einerseits der Übergang in die Pubertät, andererseits der ins mittlere Erwachsenenalter, bei dem zwar vielfältige Begrenzungen spürbar werden, aber doch noch nicht Zeugungsunfähigkeit, wie das analog zum Verlust der Empfängnis- und Gebärfähigkeit bei der Frau nach der Menopause ist. Da markanter erfahrbar, werden die beiden Hauptphasen von uns Frauen, so meine ich, auch bewusster erlebt: eine große Chance.

In der Entwicklungspsychologie nimmt man einen siebenfachen Phasenwechsel an: von der frühen zur späten Kindheit und von da zur Adoleszenz, vom frühen über das mittlere und späte Erwachsenenalter zum hohen Alter.

Oder man kann mit Erik Erikson, einem der Pioniere der Lebensphasenforschung, acht Phasen unterscheiden, die den vollständigen Lebenszyklus (Erikson 1988, 36 f./70 f., 1966, 55–122) ausmachen und denen jeweils psychosoziale Krisen und bestimmte Entwicklungsaufgaben entsprechen. So gliedert er die Kindheitsphase vierfach auf in

Säuglingsalter, frühe Kindheit, Spiel- und Schulalter; die Erwachsenenphase ebenso vierfach in Adoleszenz, frühes Erwachsenenalter, eigentliches Erwachsenenalter und das Alter selbst. Lösen wir die jeweils vorgesehenen Entwicklungsaufgaben ein, durchleben wir die jeweilige Phase sinngemäß, so wird sie zur Ausgangsbasis für die nächste Entwicklungsstufe. Vermögen wir sie nicht einzulösen, dann beschweren uns die nicht erledigten Aufgaben und führen zu spürbarem Ungenügen. Die acht Phasen nach Erikson können also als Kristallisationspunkte der Entwicklungsereignisse angesehen werden. Besonders wichtig ist dabei die Gewinnung des Selbstverständnisses, der Identität, der Treue zu sich selbst – eine Aufgabe, die sich von der Adoleszenz an stellt als wichtigste Voraussetzung auch für unsere Beziehungsfähigkeit.

Romano Guardini (Guardini 1986, 50 ff.) unterscheidet vier große Entwicklungskrisen, die auf die Kindheitsphase folgen und jeweils zu einem bestimmten weiteren Stadium des Menschseins führen: erstens die Krise der Reifung, die zur Ausformung des »jungen Menschen«, zweitens die Krise der Erfahrung, die zum »mündigen Menschen« hinführt, drittens durch das Erleben der Grenze eine Krise, die den »ernüchterten Menschen« hervorbringt, bis viertens die Krise der Loslösung den »weisen Menschen« ermöglicht.

Der erste, der einen vollständigen Entwicklungszyklus konzipierte, der nicht nur das Jugendalter, sondern den ganzen Lebensbogen umfasste, war übrigens C. G. Jung mit seinem Konzept vom »Individuationsprozess« (Jung 1954/1960), wonach ein jeder sein Leben lang damit befasst sei, darum ringe und leide, es aber auch immer wieder als beglückend erfahre, dass er immer mehr ein Individuum, ein eigener und ganzer Mensch werde. Jung unterschied vor allem zwei Lebenshälften, wobei der Hauptakzent der ersten Lebenshälfte, bis etwa zum 35. Jahr reichend, auf dem Kontakt mit der Außenwelt liege, dem Ausbau einer beruflichen Existenz und dem Aufbau einer verbindlichen Beziehung, oft verbunden mit der Familiengründung. In der zweiten Lebenshälfte, wenn die zeitliche Begrenzung spürbar wird, verlagere sich das Interesse allmählich auf die Frage nach Sinn und Ziel dieses Lebens und damit auch auf das Selbst, das Eigentliche jedes Menschen, das sein viel kleineres bewusstes Ich umfasst und um Dimensionen überragt. Jung stellt sich dieses Selbst des Einzelnen mit dem größeren Selbst der ganzen Menschheit verbunden und vernetzt vor – so dass der Bezug auf dieses Selbst gerade das Gegenteil einer ichbezogenen Egozentrik ist, vielmehr eine Öffnung zum seelischen Innenraum der ganzen Menschheit hin, wozu auch die früheren Generationen mit ihrem seelischen Erbe gehören.

Natürlich beschränkt sich die Individuation nach Jungs Konzept nicht auf die Unterscheidung der beiden Lebenshälften mit ihrer eher extravertierten beziehungsweise introvertierten Lebenseinstellung, sondern sie ereignet sich in immer neuen Abgrenzungs- und Integrationsschritten, unter denen die Auseinandersetzung mit dem Schatten, dem unbewussten und meist abgelehnten Anteil der Person – der »Persona«, wie Jung unsere bewusste Selbstdarstellung nennt –, eine Schlüsselstellung einnimmt. Mit dem Schatten sind nach Jung ja immer auch die noch ungelebten Teile unseres Wesens verbunden, kontaminiert, wie er gerne sagt, so dass ich ihm begegnen muss, um an mein noch unerschlossenes Reservoir an Lebensmöglichkeiten heranzukommen, an meine Ressourcen.

So träumte eine Frau, die in ihrem äußeren Auftreten mausgrau war und sich auch selbst so verstand, dass sie als Seeräuberin die Meere befahre und sich an Land alles, was sie zum Leben brauchte, zusammenraube und auch noch ein bisschen mehr, ein bisschen Luxus, ein bisschen Schmuck. Für diese Frau war es sehr wichtig, an ihre im Schatten liegende Fähigkeit heranzukommen, sich vom Leben zu holen, was sie benötigte. In ihrer Überbescheidenheit stellte es keine Gefahr für sie dar, dass sie diesen Schatten jemals extrem ausleben würde, sie musste vielmehr froh sein, dass er sich rührte und sein Lebensrecht verlangte.

Das Gleiche gilt für die Vater- und Mutterkomplexe, die vielen den Zugang zu ihren entscheidenden Entwicklungspotenzialen verstellen, solange sie unbewusst und unbearbeitet sind. So musste ein junger Mann im Traum über die Zugbrücke zu einer Burg, in der sich der Brunnen mit Lebenswasser befand, an einer mächtigen dunklen Frau vorbei – einer negativ besetzten Mutterfigur? Er musste um seines Lebens willen in die Burg hinein. Doch auf der Zugbrücke spielte sich ein gewaltiger Ringkampf mit der dunklen Frau ab, bis sie ihm schließlich den Weg freigab. Nach Jung stellt eine solche Frauenfigur viel mehr als eine Schattenfigur dar. Sie ist eine symbolische Ausformung des Mutterkomplexes, mit dem sich der Sohn auf noch tieferer Ebene auseinandersetzen muss als mit seinem persönlichen Schatten. Hinter ihr, der komplexhaften Ausformung der persönlichen Mutter, steht der noch ungleich mächtigere Archetyp der Mutter selbst. In diesem Traum geht es, dargestellt am Bild der Zugbrücke, um einen Lebensübergang des jungen Mannes, der, am Mutterkomplex vorbei, um den Zugang zu seinem Selbst ringt, das sich hier wie oft im Bild einer Burg symbolisiert.

Nur in dem Maße, in dem die Auseinandersetzung mit dem Mutter- und dem Vaterkomplex bewältigt ist, kann sich der Zugang zum Partner, zur Partnerin des eigenen Geschlechts öffnen, ein Lebensübergang, der oft nur in mehreren Anläufen und unter starker Phasenverschiebung gelingt. Oft überlagert das Mutter- oder das Vaterbild die

Beziehung zum Partner der eigenen Generation noch für lange Zeit – wie in dem schon erzählten Traum, in dem eine fast 50-Jährige das »Vaterhaus« ihrer Ehe verlassen soll. Oder ein Partner aus der Generation des Vaters wird der Partnerschaft mit einem Gleichaltrigen vorgezogen.

Jung sieht die Lebensstufe, in der die Auseinandersetzung mit den inneren Bildern des Mannes und der Frau, des Weiblichen und des Männlichen in uns ausgetragen wird, als entscheidend dafür an, ob einerseits eine verbindliche Beziehung, andererseits ein schöpferisches Werk gelingen kann, denn über das Innenbild eines möglichen Beziehungspartners – beziehungsweise eines abschreckenden Bildes des anderen Geschlechts – hinaus sind Anima und Animus für Jung Bilder für die beseelende und für die begeisternde, schöpferische Energie in Mann und Frau.

Mit Verena Kast bin ich der Auffassung, dass Anima und Animus sowohl in der Psyche von Männern wie in der von Frauen vorkommen (Kast 1984, 158–176), wie es sich unübersehbar in den entsprechenden Träumen zeigt. Die beseelte junge Frau zum Beispiel, die im Traum einer 50-Jährigen vorkommt, ist bestimmt kein Schattenanteil dieser Frau, auch nicht ein Bild von ihrem Selbst, sondern der seelenhaft-gefühlshafte Anteil, der dieser sehr tatkräftigen und rational denkenden Frau an ihrem Lebensübergang über die Fünfziger-Schwelle wieder neu begegnet.

Der Archetyp des göttlichen Kindes schließlich, nicht zu verwechseln mit Bildern der Regression in die Kindheit, kann sich gerade dann konstellieren, wenn die Sisyphos-Erfahrung des sich immer Wiederholenden, ja Vergeblichen den Menschen im mittleren Erwachsenenalter heimsucht. Solche Träume erinnern ihn daran, dass er durch den Archetyp des göttlichen Kindes mit der Emotion und Energie des Spielerisch-Schöpferischen verbunden ist, mit einer unausgeschöpften und unerschöpflichen Lebens- und

Entwicklungskraft. Selbst das Zurückversetztwerden in den Sandkasten im Traum jener vom Aufbruch überforderten Frau, das ihr zunächst als Regression erschien, enthält Ansätze zur Konstellation des spielend-schöpferischen Kindes, das ihr schließlich den Aufbruch ermöglichen wird. Und im Großmutteralter, wenn die eigenen Kinder aus dem Hause sind und die Enkelkinder allenfalls besuchsweise ins Haus kom men, kann eine Frau, die dann jenseits der Menopause zu sein pflegt, große Freude und eine intensive Belebung erfahren, wenn sich in ihr und in ihren Träumen das so genannte »göttliche Kind« konstelliert.

Ein weiterer großer Entwicklungsschritt steht an, wenn der Bezug zur archetypischen Gestalt der »Alten Weisen« oder des »Alten Weisen« aufgenommen wird als einer Einstellung der gelösten Gelassenheit dem Leben gegenüber. Auch wenn die nahe Beziehung zu diesem Archetyp den späten Jahren eines Menschen vorbehalten zu sein scheint, ist sie doch in allen Altersstufen möglich, wie es sich immer wieder in den Träumen junger Menschen zeigt, wenn »Alte Weise« in auswegloser Not erscheinen. Davon erzählen auch Märchen wie »Die Nixe im Teich« und »Die Gänsehirtin am Brunnen«, die zur Sammlung der Brüder Grimm gehören.

Jung meinte zwar, bei seinen ersten Beobachtungen des von ihm konzipierten Individuationsprozesses entdeckt zu haben, dass er phasenhaft geregelt verlaufe, so dass zuerst der »Schatten« ins Bewusstsein trete als der bisher unbelichtete, abgelehnte Teil eines Menschen und in Verbindung mit ihm dann die »Persona« fragwürdig werde, die Art und Weise, wie sich einer bis dahin in der Welt dargestellt habe. Erst in der Folge komme es dann zur Begegnung und Auseinandersetzung mit Anima und Animus als den Geleitern ins tiefere Unbewusste und in die tiefere Bezogenheit. Der Individuationsprozess wäre jedoch kein individueller, wenn er sich bei jedem Einzelnen an diese Reihenfolge hielte, vor allem ist er nicht nach Jahren einteilbar, es kann zu starken Phasenverschiebungen kommen, und die latente beziehungsweise manifeste Beziehung zu den einzelnen Archetypen sowie die Aufarbeitung der mit den Vater- und Mutterbildern verbundenen Komplexe zieht sich in Varianten durch viele Lebensalter.

Hier möchte ich das Jungsche Individuationskonzept vor allem mit den wichtigsten Entwicklungsphasen des Ichkomplexes zu synchronisieren versuchen. Ich orientiere mich dabei an den Überlegungen zu einer entwicklungspsychologischen Betrachtung des Ich-Komplexes, die Verena Kast in ihrem Buch »Die Dynamik der Symbole« (1990, 74 f.) erarbeitet hat. Sie folgt dabei den Phasen, in denen sich der Ich-Komplex jeweils charakteristisch entwickelt, und ordnet diesen Phasen jeweils Symbole, die archetypischen Gestalten zu, die in ihnen vorstellungs-, erlebnis- und verhaltensmäßig in den Vordergrund treten. So richtet sich beispielsweise das mutig sich emanzipierende Lebensgefühl während der Adoleszenz am Archetyp des Helden, der Heldin aus und orientiert sich an ihren Taten, oder das faszinierte Existenzgefühl des jungen Erwachsenen lässt sich von den Anima- und Animusgestalten des geheimnisvollen Fremden ergreifen. Entsprechend konstellieren sich im realitätsnahen Lebensgefühl des mittleren Erwachsenenalters die Archetypen des Vaters, der Mutter und des göttlichen Kindes, nachdem man selbst Vater beziehungsweise Mutter geworden ist, bis schließlich das relativ distanzierte Lebensgefühl des alternden Menschen überhand nimmt, das sich an Selbstfiguren wie dem »Alten Weisen« und der »Alten Weisen« zu orientieren sucht, die im Märchen auf der Höhe wohnen und von Fall zu Fall, keineswegs mehr ständig, von überlegener Warte aus in die Geschichte eingreifen.

Die Adoleszenz

Erwartung

An erster Stelle möchte ich nun den großen Lebensübergang von der Kindheit zur Adoleszenz bedenken, eine typische Aufbruchsphase vor allem in der ersten Zeit der beginnenden Geschlechtsreife, die heute sehr früh beginnt, oft schon mit elf, zwölf Jahren. Man rechnet heute damit, dass sich die Adoleszenz bis in die zwanziger Jahre hinein ausdehnt, und unterscheidet die Pubertät nicht mehr als eine eigene Phase, sondern als Übergangszeit, die zur Adoleszenz gehört. Die Adoleszenz mit ihren Umschmelzungsprozessen bedeutet im Übrigen die »zweite Chance« (Mario Erdheim), bis dahin vielleicht noch nicht ganz vollzogene Entwicklungsschritte der Kindheit nachzuholen. Hier kommen die »Züge«, die in der Kindheit versäumt wurden, gewiss noch einmal vorbei. Ein typischer Traum der frühen Adoleszenz ist der folgende Traum einer 14-Jährigen:

Das Elternhaus verlassen

»Bei Nacht und Nebel verlasse ich mein Elternhaus; es ist mir wichtig, dass ich dabei nicht gesehen werde. Noch stehe ich auf der Treppe vor der Haustür. Dann hebe ich ab und fliege in den Nachthimmel davon.«

Sie verkraftet es noch nicht, sich offen vom Elternhaus abzusetzen, andererseits ist sie bereits Selbstständig genug, um Geheimnisse auch für sich behalten zu können, was jüngere Kinder und Jugendliche oft überhaupt noch nicht können. Bei Nacht – dem Unbewussten, dem Versteckten nahe – wagt sie wie in einem Probehandeln das Wegfliegen. Fliegen bedeutet im Traum immer auch, sich über die bisherige Situation zu erheben, von ihr abheben zu können, die Schwerkraft der Wirklichkeit zu überwinden – und hängt oft, aber nicht immer mit der Fähigkeit zusammen, in eine Fantasiewelt auswandern zu können, die über die Mühsal der einzelnen Schritte in die Wirklichkeit hinaushebt. Hoch im Nachthimmel mag es nun zwar recht fantastisch sein, aber es ist gewiss auch einsam. Dennoch steht dieser Weg in die Ablösung altersgemäß an und will ins Bewusstsein treten.

Hexe und Riesin

Eine 16-Jährige muss im Traum beim Verlassen des Elternhauses sogar durch das Schlafzimmer ihrer Eltern hindurch – entsprechend den realen Wohnverhältnissen –, wird aber am Fenster bereits von einer Hexe erwartet, bei der sie sich hinten auf den Besen setzen und gemeinsam mit ihr abfliegen kann. Später durchschreitet sie als Riesin, die mit Leichtigkeit das Elternhaus und die Schule zertreten könnte, die Stadt, in der sie als Lernbehinderte so viele Demütigungen erfahren hat. Sie zerstört aber nichts, es genügt ihr, die Macht zu haben, es zu tun.

Der Traum dieser Jugendlichen, die in psychologische Beratung kam, zeigt unmissverständlich, wie ihr die Eltern – auch die »Schlafzimmersituation« ihrer Eltern und deren schwierige Beziehung zueinander – den Weg ins altersgemäße, freiere Leben verstellen. Die Eltern, narzisstisch gekränkt durch die schulische Behinderung ihrer Tochter, gestehen dieser nicht die geringsten Freiheiten zu, wie es zum Beispiel der abendliche Ausgang mit Gleichaltrigen wäre, ignorieren vielmehr ihre Entwicklung zur geschlechtsreifen jungen Frau und halten sie wie ein Kind. Als müsste sie durch ihre Lernbehinderung gleich ganz und gar von jeder Entwicklung ausgeschlossen sein! Deshalb ist für sie der Kontakt zu einer Hexe sehr wichtig – sie gleicht einer älteren, für junge Männer schon sehr attraktiven Freundin –, bei der sie zunächst wie auf deren Rücksitz »aufhocken« kann. Durch Kontakt mit den Hexeneigenschaften der Freundin, vor allem mit deren erotischer Zaubermacht, aber auch deren bereits gewonnener Autonomie gegenüber den Eltern, wird sie selber in ihrer Fantasie »powerful«, wächst zur Riesin heran, die, wenn sie wollte, auch zerstörerisch werden könnte. Die Riesin ist eine Überkompensation der Demütigungen, die ihr durch Schule und Elternhaus, wie sie es empfindet, zugefügt worden sind. Die Fähigkeit zu destruktiv-aggressivem Handeln gehört zur Adoleszenz, auch wenn sie nicht unbedingt zu unkontrolliertem Ausbruch führen muss, wie es auch hier nicht geschah. Dieser Traum löste jedoch bei der 16-Jährigen den starken Impuls aus, sich nicht länger als Kind behandeln zu lassen und von den Eltern endlich die altersgemäßen Kontakte mit der im Traum vorkommenden Freundin und mit jungen Männern zu erkämpfen.

In der Adoleszenz beginnt sich der Ich-Komplex immer mehr aus dem Vater- und Mutter-Komplex herauszulösen, aber auch aus dem Geschwister-Komplex. Der Traum einer Frau, jetzt 24, der von ihrem sehr geliebten jüngsten Bruder, derzeit 16, handelt, lautet:

Die Ablösung vom kleinen Bruder

»Mein kleiner Bruder, im Traum ist er höchstens sechs, gerät unter die Bohlen der Badeanstalt, wo er schwimmen lernt, und ertrinkt. Ich bin ungeheuer aufgeregt, ja entsetzt, außer mir, und suche ihn tauchend, aber vergeblich unter den Bohlen jener Schwimmanstalt. Schließlich muss ich es aufgeben. Ich bin ganz verstört und sehr traurig. Als ich schließlich an Land komme, sehe ich, wie er als erwachsener junger Mann in Lederjacke an einem Tisch mit einer jungen Frau zusammensitzt und ihr lachend etwas erzählt.«

In diesem Traum ist es ganz deutlich, dass sie die alte zärtliche Beziehung zu dem kleinen Bruder zu lösen hat, er ist ihr »gestorben«, ertrunken, um ihn als erwachsen werdenden jungen Mann, der neue Beziehungsansprüche hat, ernst nehmen zu können. Ein Ablösungstraum!

Protesthaltung

In der Adoleszenz erlebt sich der junge Mensch bewusst als ein anderer Mensch als der, der er zuvor war, als einer, der sich deutlich von den Prägungen und Normen seiner Familie abhebt. Oft werden Aspekte, die zum Schattenbereich der bisherigen Familie gehörten, jetzt bewusst ins Leben einbezogen oder zunächst auch in gleichgeschlechtlichen Freundschaften oder in Peergroups gesucht und gefunden. Was der Herkunftsfamilie und deren Normen, deren Werten widerspricht, gerade das wird attraktiv. So schwärmt die Tochter einer unbürgerlichen Familie mit alternativer Bodenwohnkultur für ein bürgerliches Sofa und erklärt es zu ihrem größten Wunsch. Um einiges einschneidender ist es noch, wenn sich die Tochter eines aus der Kirche ausgetretenen Elternpaares einer christlichen

Jugendgruppe anschließt und mit dem Entschluss herausrückt, Theologie zu studieren. Noch betroffener macht es, wenn der Sohn eines Linken aus der 68er Bewegung zu Skinheads stößt.

Bei aller Schmerzlichkeit und im letzten Fall auch politischen Bedenklichkeit solcher Aktionen sollten die Eltern das Phasenbedingte solcher Ablösungsversuche nicht übersehen und sie nicht grundsätzlicher nehmen, als sie sind, ihnen vielmehr mit ruhigen Argumenten, mit einer Prise Humor und vor allem mit Gelassenheit zu begegnen suchen. Manchmal korrigiert die Protesthaltung der Adoleszenz auch eine Einseitigkeit in der Einstellung der Eltern, die wahrzunehmen dem ganzen Familiensystem guttut.

Das gekochte Mädchen

So erlebt eine 18-Jährige, die sich bis zur Essensverweigerung und schließlich Magersucht von ihren Eltern abgegrenzt hatte, in ihrem Traum, wie eine entfernte Verwandte, die wegen ihres eigenwilligen Wesens der ganzen Familie als Schreckbild galt, ein großes Feuer angemacht hatte, über dem sie in einem altertümlichen Kessel Badewasser aufheizte. Bei genauerem Hinsehen entdeckte die Träumerin, dass jene Frau in ihrem Kessel ein junges Mädchen baden ließ, in offenbar siedendem Wasser, in dem es geradezu »kochte«. Die Träumerin rief entsetzt ihren Vater herbei, um ihm zu zeigen, was jene schreckliche Person soeben anrichtete, doch der Vater reagierte überhaupt nicht. Schließlich erhob sich jenes Mädchen, das im Kessel saß, noch in Dämpfe gehüllt aus dem Wasser und ging als schöne junge Frau mit einem Kind im Arm wie eine Erscheinung daraus hervor.

Bei näherem Bedenken des Traumes und der darin erscheinenden Gestalten zeigte sich erst, dass die von der Familie so sehr abgelehnte Verwandte, die im Traum den Kessel aufheizte, nicht nur exzentrisch, sondern auch eine sehr originelle und ihre Weiblichkeit betonende Frau ist. Eben diese heizte den Kessel an, in dem ein junges Mädchen offenbar gebadet, gereinigt, vielleicht aber auch »gargekocht« werden sollte – offenbar, damit es zur erwachsenen jungen Frau werden kann. Dieses Verwandlungsmotiv ist archetypisch und weit verbreitet. Schließlich entsteigt das Mädchen dem Bad, wobei es sich geradezu transformiert, in Dampf auflöst und als eine andere Gestalt, eine schöne junge Frau mit Kind, aus diesem Badekessel hervorgeht. Die Verwandlung ist augenfällig.

Für das junge Mädchen enthielt dieser Traum, der sie sehr bewegte und aufregte, eine doppelte Botschaft: Das Mädchen im Kessel wird durch jenes Bad zur erwachsenen Frau, dazu zur fruchtbaren. Dies alles geschieht unter den Händen jener bisher so abgelehnten Verwandten, die aber offenbar genau die Eigenschaften hat, die die Träumerin selber zu ihrer Entwicklung benötigt und die sie zur Zeit durch ihre Magersucht noch abwehrt, indem sie sich weigert, weibliche Formen anzunehmen und damit eine Frau zu werden. Der Vater, den die Träumerin in dieser Situation zu Hilfe ruft, dessen Empörung und Eingreifen sie herausfordern möchte, reagiert nicht. Es ist deutlich, dass es sich hier um die weibliche Reifung handelt, für die der Vater sich nicht kompetent fühlt beziehungsweise es auch wirklich nicht ist. Die sehr vatergebundene Träumerin erlebt hier, dass sie ein Stück weit ihren eigenen Augen und Gefühlen trauen muss.

Für die Individuation junger Frauen scheint es mir besonders wichtig zu sein, dass sie sich in dieser Phase – selbst wenn sie einen negativ besetzten Mutter-Komplex mitbrächten – nicht primär vom Vater und den Vätern bestimmen lassen. Es könnte sich sonst in dieser für die Identitätsbildung entscheidenden Zeit eine vom Männlichen abgeleitete Identität herausbilden. Die jungen Frauen würden sich dann allzu stark von der Akzeptanz durch den Mann beziehungsweise vom männlich geprägten Geist in Ausbildung und Studium abhängig machen. Auch bei negativ geprägtem Mutter-Komplex gibt es für die junge Frau den Weg, sich der weiblichen Wurzeln zu vergewissern, zum Beispiel über Frauenfreundschaften, weibliche Vorbilder in Ausbildung und Beruf, vor allem aber durch einen inneren Bezug zum Archetyp des Weiblichen, wie er in Traumgestalten – etwa der eben genannten – in Erscheinung treten kann.

Auf der Ebene der Komplexe erlebt die Adoleszentin, der Adoleszent, dass sie gerade jetzt, da sie sich von den Eltern ablösen möchten, deren Einstellung und Stimme oft sehr genau in sich spüren. Ausgerechnet jetzt hören sie womöglich überdeutlich, was Vater, was Mutter zu einer augenblicklichen Situation sagen würden. (Für Eltern mag das ein Trost sein!) Sie erleben auch, dass die Eltern intrapsychisch gar nicht leicht abzuschütteln sind. Daraus ergibt sich die besondere Spannung, die in dieser Phase daraus erwächst, dass sie ihre Autonomie suchen und fordern und doch noch in den Eltern-Komplexen gefangen sind, ja in der Not der neuen Entwicklungsanforderungen oft gerade nach Vater und Mutter rufen. So suchte in dem zuvor besprochenen Traum die Träumerin ihren Vater einzubeziehen, während in dem folgenden Traum eines jungen Mannes die Mutter gerufen wird:

Löwen und Schlangen: Aufbrechende Triebimpulse

»Ich bin in der Wüste, niemand ist da. Ich habe große Angst. Ich fürchte mich vor wilden Tieren, dabei denke ich an Löwen. Ich überlege mir, wie ich wirkungsvoll mit Löwen umgehen könnte. Ich habe keine Waffen. Plötzlich kommen viele Schlangen auf mich zu. Mich packt eine riesige Angst. Ich rufe meine Mutter und erwache, als ich mich rufen höre« (Kast 1986, 75).

Triebe, symbolisiert als Löwen und Schlangen, bedrohen das noch ungefestigte Ich. Bei der Mutter wird noch immer Schutz gesucht. Mit dem Löwen erwacht aber auch das Streben nach Autonomie, das dieses Tier verkörpert, das Selbstbewusstsein, die Kraft und der Stolz, sich zu behaupten. Am schlimmsten erschrecken ihn die Schlangen, Triebkomponenten, die sexueller Natur sind und andererseits Symbol für die tiefere Weisheit des Lebens und vor allem für Verwandlung. Schlangen häuten sich und vermögen sich damit zu erneuern. Ihnen ebenso zu begegnen wie dem Löwen ist von dem jungen Mann gefordert, der sich zunächst noch an die Mutter klammert, gerade weil die autonomen Bedürfnisse aufbrechen. Zu der Zeit ist ein Mädchen in seinem Leben aufgetaucht, das ihm seine Zuneigung nicht verhehlt. Wie in den meisten der Adoleszenten, entsteht bei ihm in dieser Zeit eine große Spannung zwischen dem aufkommenden Ich-Ideal von einem mutigen, Selbstständigen, seiner sexuellen Attraktivität gewissen jungen Mann und dem jetzt verstärkt aufkommenden Erleben der eigenen Unzulänglichkeit und der Unreife.

Mit der Identität erwirbt der Jugendliche jedoch die psychosoziale Modalität der Treue, vor allem der Treue zu sich selbst. Erst die Identität im Sinne solcher möglichen Treue zu sich selbst erschließt auch den Schritt in die erste Intimität. Diesen Zusammenhang hat Erik Erikson herausgearbeitet (1988, 70ff., 96). Es ist wie ein Lebensgesetz, dass wir, wenn wir in Beziehung treten wollen, zunächst zu uns selber Kontakt aufnehmen und um uns selber wissen müssen. Nach Jungscher Sicht gilt es, das gegengeschlechtliche Seelenbild, die Anima beziehungsweise den Animus, in sich wahrzunehmen und sich zu ihm in Beziehung zu setzen, ehe die Beziehung nach außen eingegangen wird. Denn auch wenn eine äußere Beziehung aufgenommen worden ist, wird sie nur dann entwicklungsfähig sein, wenn jeder der beiden Partner zugleich zu seinem inneren Weiblichen oder auch Männlichen Kontakt aufnimmt.

Beziehungsfähigkeit gilt in diesem Alter als ein ebenso hoher Wert, wie sie als problematisch erlebt wird. Die selbst gewählten neuen Beziehungen werden zunehmend wichtiger als die früheren, verwandtschaftlich vorgegebenen. Die Frauenbilder und Männerbilder der Seele, die geheimnisvollen Fremden, tiefenpsychologisch als Anima und Animus bezeichnet, steigen aus der Latenz auf und werden in der Projektion auf Personen des anderen Geschlechtes erlebt, in erotischen und sexuellen Faszinationen. Ein Traum, der diesem Alter entspricht, sei berichtet:

Von jeher gekannt: Das seelische Bild des Geliebten

»Ich treffe einen Piloten, der mich an den Schriftsteller Antoine de Saint-Exupéry erinnert, auf einer Pariser Straße. Ich gehe sofort mit ihm und möchte mich nie mehr von ihm trennen, ich habe das Gefühl, dass wir uns von ewigen Zeiten her kennen.«

Das Bild dieses Mannes war offensichtlich in der Seele jener Frau schon da, ehe der Mann auftaucht, in dem sie ihr Seelenbild wiedererkennt. Es ist dies ein typischer Traum der Animusprojektion, auf die Jung immer wieder hinwies. Als diese Frau bei einem Frankreichurlaub einen französischen Piloten kennen lernt, wird dieses Bild in ihrer Seele aktualisiert, und es entsteht eine starke Liebesfaszination. Dass das Bild dieses Mannes auch ein Teil ihrer selbst sein könnte, kommt ihr in diesem Moment nicht in den Sinn. In ihrem Traum war ihr aber zugleich ihr Animus, ihre eigene Fähigkeit zu Kühnheit und Poesie begegnet, wie sie der Pilot Antoine de Saint-Exupéry verkörpert.

Wettreitend mit der Freundin

Andererseits sind in diesem Alter die gleichgeschlechtlichen Freundschaften wichtig, um sich jeweils in der Identität im Weiblichen oder im Männlichen verstärken zu können. Eine 17-Jährige zum Beispiel träumt sich reitend, wettreitend mit einer wunderschönen jungen Frau, die sie nicht einholen kann, die in ihr aber eine verzehrende Sehnsucht weckt und zugleich einen ungeheuren Antrieb, so gut reiten zu lernen wie diese.

In diesem Zusammenhang möchte ich nochmals Verena Kasts These (1984, 158–176) unterstreichen, dass sowohl Frauen von faszinierenden Frauenbildern, also Animabildern träumen können wie auch Männer von faszinierenden Männern, also von Animusgestalten. Anima und Animus bilden den Archetyp eines inneren Paares und damit der inneren Beziehungsfähigkeit und sind noch nicht erfasst, wenn sie bloß auf die Geschlechter aufgeteilt werden. So kann eine Frau von einer faszinierenden Zauberin oder Hexe träumen wie derjenigen, die den Verwandlungskessel anheizt, ein Mann von Figuren wie Parzival oder Merlin.

Das sich entfaltende Selbst des Adoleszenten macht sich in Utopien bemerkbar, die für das eigene Leben entworfen werden. In meiner Jugend fantasierten wir uns in die wissenschaftliche Karriere einer Madame Curie hinein, in das karitative Lebenswerk einer Florence Nightingale – und sie erschienen uns im Traum. Diese Ideale sind natürlich generationenabhängig und schichtspezifisch, reichen von Sport-, Film- und Musikgrößen über die Gestalt von Tiefseeforschern wie Cousteau, Politikern wie Nelson Mandela bis zu »Jesus Christ Superstar«; es gehört jedenfalls zu diesem Alter, Stars, Heldinnen und Helden als Ich-Ideal zu haben. Der Archetyp des Heros ist konstelliert. Was an der Übergangskrise der Adoleszenz von außen gesehen als ein faszinierender Aufbruch und Umbruch erscheint, wird von den Betroffenen selbst freilich als schmerzlicher Wandlungsprozess erlebt.

Andererseits stellt die Adoleszenz auch ein »psychosoziales Moratorium« (Erikson 1988, 98) dar, das durch die in den Industriegesellschaften in die Länge gezogenen Ausbildungszeiten, die Berufs- und Stellensuche bedingt ist und entsprechende Folgen, aber auch Chancen für die psychische und soziale Entwicklung hat – als eine Periode sexueller und kognitiver Reifung und gleichzeitig als ein sanktionierter Aufschub vor endgültiger Verpflichtung. Dieses Moratorium erlaubt eine relative Ellbogenfreiheit für Rollenexperimente, auch im sexuellen Bereich, Experimente, die letztlich für eine regelmäßige »adaptive Selbsterneuerung« (Erdheim 1988, 29) der Gesellschaft als ganzer nicht unwichtig sind. Denn sie profitiert auch von den Experimenten ihrer Jugend!

Vor allem ist es die Begegnung mit dem Tod, die für junge Menschen eine Grenzerfahrung und ein Übergangserlebnis besonderer Art darstellt, das aber – zusammen mit der Erfahrung der eigenen Sexualität – unabdingbar in die

Phase der Adoleszenz gehört. Schon auf den ersten Seiten der Bibel gehören die erste Begegnung zwischen Adam und Eva, Sexualität und Tod zusammen (Genesis 3).

Es ist eine Probe darauf, ob das bisherige Lebensvertrauen weit und tief genug ist, um den Schrecken des Todes aufzufangen. Eine Jugendliche von 18 Jahren hatte ihren Freund bei einem Verkehrsunfall verloren. Sie erzählt:

Der Tanz mit dem Todesengel

»Im Traum steige ich im Winterwald über endlos viele umgestürzte Baumstämme, bis ich endlich auf eine stille Lichtung gelange, auf der viele Menschen erwartungsvoll stehen oder kauern. Auf einmal wird laut ausgerufen: ›Wer wagt es, mit dem Tod zu tanzen?‹ Entsetztes Schweigen überall, über lange Zeit hin – bis ich hervortrete und es wirklich wage. Empört und voller Hass möchte ich dem Tod entgegentreten, der mir den Freund genommen hat – doch als er zu mir tritt, ist er ein wunderschöner Engel, der mich mit unergründlicher Güte anblickt. Ehrfurcht steigt in mir auf.«

Erst beim Erwachen weiß die Träumerin, dass der Todesengel dem Engel einer Ikone glich, den ihr der Freund liebevoll als Weihnachtskarte kurz vor seinem Tod geschickt hatte. Dieser Traum bietet ein Beispiel dafür, wie aus dem Bild, das den letzten liebevollen Gruß des Freundes begleitete, im Unbewussten dieses sehr erschütterten Mädchens ein gütiger Todesengel hervorging, eine Begegnung, die ihr einen ersten Zugang zu Transzendenz und Spiritualität eröffnete. Viele junge Menschen sind in den erschütterbaren und aufbruchsbereiten Jahren der Adoleszenz dafür besonders durchlässig. Der gütige Todesengel war aus der guten Beziehungserfahrung der beiden jungen Leute aneinander erwachsen, aus einem Gefühl des Bejahtseins, das Lebensvertrauen weckte, so dass es sogar imstande war, den Trennungsschrecken zu überbrücken. Hier erwirkt die »transzendente Funktion« der Psyche ein Traumbild, das tatsächlich in die Transzendenz hinüber weist.

Bewegend ist für mich auch der Traum eines 18-Jährigen, dessen engster Freund bei einer gemeinsamen Unternehmung tödlich verunglückte. Wenige Wochen später träumte er:

Weiterleben – auch für den verunglückten Freund

»Auf der Beerdigung meines Freundes, an der alle Menschen teilnehmen, die ich kenne, trete ich nach vorne und verkünde laut, ich sei an seinem Tod schuld. Auch wenn ich nicht erkenne, worin diese Schuld besteht, soll auch ich mit dem Tod bestraft werden. Ich bin bereit, mich in dieses Schicksal zu ergeben – bis ich schließlich die Stimme meines Freundes höre, die leidenschaftlich gegen dieses Urteil spricht, für mich und mein Leben plädiert. ›Gerade jetzt musst du leben‹, sagt er, ›für mich mit.‹«

Ein entsetzliches Schuldgefühl suchte diesen jungen Mann nach dem Absturz seines besten Freundes heim, obwohl objektiv keine Schuld zu erkennen war und er selbst nicht wusste, worin seine Schuld bestehen sollte. Dass es so etwas gibt wie eine »Überlebensschuld«, berichten uns viele Menschen, die überlebt haben, während andere in der gleichen Situation umkamen. Das Thema Schuldigwerden ist in der wertsuchenden und oft hochmoralisch reagierenden Adoleszenzwelt überhaupt sehr aktuell. In diesem Traum werden die Schuldgefühle jedoch dadurch gebannt – die transzendente Funktion des Traumes! –, dass der Verstorbene selber eingreift und die angedrohte

Todesstrafe in eine Aufforderung an den Freund verwandelt, jetzt gerade zu leben, sozusagen für den verstorbenen Freund mit. Ein Jahr später schenkt der Verstorbene dem Überlebenden im Traum das Buch eines ihrer gemeinsamen Lieblingsautoren, in dem junge Menschen vorkommen, deren Lebenswille aus den schuldhaften Erlebnissen des Krieges heraus etwas Neues, Versöhnendes aufzubauen vermag.

Dieses Traumthema eines Lebensübergangs ist mit der Symbolik einer unverbrüchlichen, gleichgeschlechtlichen Freundschaft verbunden, einem der großen Themen der Adoleszenz, das bei Mädchen und jungen Frauen eine mindestens gleich große Rolle spielt wie bei den jungen Männern und das für die Frauen in den folgenden Jahren oft sogar ein noch größeres Gewicht bekommt.

Das frühe Erwachsenenalter

Verwirklichung

Doch jedem Anfang
wohnt ein Zauber inne,
der uns beschützt und
der uns hilft zu leben.
HERMANN HESSE

Die Übergangskrise von der Adoleszenz zum frühen Erwachsenenalter, das man heute von 25 bis 40 ansetzt, kündigt sich in charakteristischen Träumen an: Nach einer Zeit, in der sie sich gänzlich im Hochleistungssport verausgabt hat, träumt eine 21-jährige Frau:

Motorwechsel angezeigt

Sie setzt sich in ihr Auto, betätigt den Anlasser. Das Auto springt nicht an. Der Anlasser ist wohl kaputt. Das wundert sie, da das Auto noch neu ist – und sehr gut in Schuss. So öffnet sie die Motorhaube. Der ganze Motor ist verschwunden, ausgebaut. Ihr Betreuer im Sportclub, der plötzlich auch da ist, sagt ganz leichthin: Der musste doch dringend zur Revision. Sie ist erstaunt, dass sie davon nichts weiß. Niemand hat ihr etwas gesagt. Sie erwacht sehr verwirrt (Kast 1987, 30 f.).

Nachdem sie den Traum ganz cool erzählt hat, kommt der Träumerin beim Nacherleben die ganze Panik, die sie im Traum spürte, noch einmal zum Bewusstsein: »Das Auto springt nicht mehr an. Es ist wie tot. Mich hat das enorm erschreckt. Ich weiß gar nicht, warum ich jetzt sage, es sei wie tot gewesen, einen Anlasser kann man ja reparieren, das kommt halt vor, dass einer nicht mehr funktioniert …«

Bezieht sich der Traum nur auf den Anlasser, nur auf ihr Auto? Zwar hat sie sich erst vor Kurzem wirklich einen »schnellen kleinen Flitzer« gekauft, wie sie ihn nennt, der in Wirklichkeit völlig intakt ist und es auch sein muss, darauf spielt ihre Verwunderung in dem Traum auch an. Doch bezieht sie selber diesen Traum auf ein anderes reales Erlebnis, das sie ein paar Tage zuvor auf das Heftigste erschreckt hat: Beim Start zu einem 100-Meter-Lauf kam sie einfach nicht hoch, stattdessen stürzte sie nach wenigen Schritten zu Boden – es überkam sie eine Ohnmacht, die zwar nur kurz andauerte, aber ihr ganzes Selbstgefühl durcheinander brachte. Noch im Nacherleben wundert sich die Träumerin, dass niemand sie vorgewarnt hat, dass das Auto nicht mehr intakt sei. Sie findet, dass der Trainer sie doch hätte darauf hinweisen müssen, für sie komme alles so plötzlich, so plötzlich wie der gesundheitliche Einbruch. Auch Lebensübergänge pflegen sich so anzukündigen. Die Botschaft des Traumes ist unüberhörbar: Dieses Auto, ein sehr schneller Wagen, Symbol ihres Selbstverständnisses, kann nicht mehr flitzen, sondern muss zur Reparatur gebracht werden. Es geht sogar noch um mehr: um die Auswechselung des ganzen Motors. Die Betätigung des Anlassers hilft gar nichts, wenn der Motor ausgebaut ist. Ihr Lebensmotor also muss ausgewechselt werden.

Da sie beim Nacherleben vor allem ihren Körper, der bisher Hochleistungen erbringen konnte, mit diesem Auto identifiziert, kommt ihr der Gedanke, dass sie sich wohl für einige Zeit vom Wettkampfsport zurückziehen, sich vielleicht überhaupt eine neue Lebensorientierung überlegen solle. Es geht hier ja offenbar darum, den ganzen Motor auszuwechseln. So macht sie sich Gedanken darüber, weshalb ihr Leben bisher allein im Dienste des Sports stand und was es für sie bedeuten würde, ihre Karriere abzubrechen. In den anschließenden Gesprächen wird deutlich, dass schon seit einiger Zeit eine lähmende Angst in ihr aufkam, wenn sie sich vorstellte, dass die sportliche Zukunft in ihrem Leben wirklich der zentrale Wert werden sollte, ein Lebensentwurf, der sich ja nur dann erfüllen ließe, wenn sie ihre Leistungen bis zum Äußersten steigerte und wirkliche Siege erbrächte. Zugleich machte ihr diese Vorstellung in wachsendem Maße Angst: Was würde aus ihrem übrigen Leben, aus den persönlichen Beziehungen, aus anderen Berufswünschen und Begabungen, wenn die gesamte Kraft in den Sport flösse? Drei Wochen nach dem Traum von dem ausgebauten Motor träumte sie, dass nun ihr ehemaliges Auto ein zuverlässiges, nicht übertrieben schnelles Auto, wieder vor ihrer Haustür stehe. So stieg sie ein und fuhr damit los. Mit dem früheren Wagen kam auch ihre frühere Einstellung wieder auf, sich in ihrem Leben in einem normaleren Tempo zu bewegen und sich dafür auch anderen Zielen als denen des Hochleistungssports wieder widmen zu können.

Die Berufsrichtung finden

Neue Ziele tun sich einer nur um wenige Jahre älteren, derzeit 25-jährigen Studentin auf, die das Studienfach Psychologie gewählt hat und nun die ihr entsprechende Berufsrichtung sucht. Ihr Traum weist ihr eine unerwartete Perspektive:

»Am Waldrand treffe ich einen Fuchs. Neugierig folge ich ihm. Schließlich führt er mich in eine wunderbar geheimnisvolle Wasserlandschaft. Auf einmal überlege ich mir: Warum folge ich eigentlich schon die ganze Zeit diesem Fuchs? Und ich frage ihn: ›Mich nimmt wunder, warum ich dir eigentlich die ganze Zeit schon folge?‹ Da wendet er seinen Kopf zu mir und sagt: ›Merkst du denn nicht, wer ich bin?‹ In dem Moment erkenne ich Carl Gustav Jung an seinen lustig-listigen Augen. Doch da verschwindet er auch schon. Bald darauf erkenne ich ein Schiff in Seenot und muss durch Rettungsschwimmen einige der über Bord Gegangenen auflesen« (Riedel 1986, 75).

Dieser Lebensübergang beginnt mit einer eigentümlichen Faszination der Studentin durch den Fuchs. Auf eine fast selbstverständliche Weise wird er ihr zum Führer. Er führt sie zu einer geheimnisvollen Wasserlandschaft, in der sie sich wesensmäßig wiedererkennt. Für sie ist ein Sommer ohne Aufenthalt am Wasser undenkbar, ob es sich nun um die Seen des Voralpenlandes oder um das Meer selber handelt. Beim Blick in die Weite der Wasserspiegel kommen ihr die entscheidenden Inspirationen. Noch mehr zieht sie die Tiefe des Wassers an, über der sie gerne schwimmt, in die sie eintaucht, um sich von dem fantastischen Leben dort faszinieren zu lassen. Schon öfter hatte sie Träume gehabt, in denen Zeit und Raum ihre sonstige Eindeutigkeit verloren, als sie unter der Oberfläche des Wassers schwamm. Vom Fuchs zu einer geheimnisvollen Wasserlandschaft geführt, gelangt sie durch sein Geleit in eine Region, die zugleich eine Seelenlandschaft ist.

Erst jetzt wird ihr bewusst, wie intuitiv sie diesem Tier folgt, und es entsteht der Impuls in ihr, das Tier näher zu betrachten. Vom gleichen Impuls bewegt – der Fuchs ist ja, subjektstufig betrachtet, nichts anderes als die Instinktseite der Träumerin selber –, hebt er jetzt auch seinen Kopf und gibt sich zu erkennen. Da erkennt sie auch: Dieser Fuchs gleicht niemand anderem als Carl Gustav Jung. Jungs lustig-listige Augen, die sie von vielen Fotos von ihm kennt, sind das Erste, was der Studentin zu der Verwandtschaft zwischen Jung und diesem Fuchs auffällt. Zwischen ihm und dem Fuchs findet sie aber noch weitere Vergleichspunkte: Ging es nicht auch ihm wie einem Fuchs um so etwas wie ein »Sehen in der Nacht«, um ein Einbeziehen des Unbewussten und eine entsprechende therapeutische Praxis? Ein »Fuchs« ist er für sie auch insofern, als er für die Gestalt des Tricksters eine Menge übrig hatte und die Tricks, mit denen man festgefahrene Therapien wieder in Fluss bringen kann, nicht verachtete. Einer geistig-seelischen Faszination wie einer Fährte folgend, gerät sie an Orte, die sie sich »nicht hätte träumen lassen«.

An diesem Traum spürt die Studentin zum ersten Mal, dass sie sich unbewusst schon längst auf die Fährte der Jungschen Psychologie begeben hat und sie ihr mehr bedeutet, als sie sich bisher klargemacht hat. Sobald sie in dem Fuchs Jung erkennt, wird sie auch schon von ihm verlassen und dazu herausgefordert, selbst rettend einzuspringen. Insofern hat sie diesen Fuchs-Jung in sich zu integrieren.

Sie sagt dazu: »Man lässt sich auf ihn ein und ist plötzlich an einem Ort, an den man gar nicht gerne wollte. Ich musste dort gleich rettungsschwimmen und Leute aus einem Schiff herausholen, während das Meer tobte …« Sie darf diesem nun identifizierten Fuchs, der therapeutischen Kraft C. G. Jungs nicht länger nur neugierig nachlaufen. Es gilt vielmehr, das neu Entdeckte in einer Seenotsituation zu erproben und zu bewähren. Menschen in Seenot sind, symbolisch verstanden, zugleich Menschen in seelischer Not, wie das stürmische Meer ein Bild für das aufgewühlte Unbewusste ist, das einen Menschen überwältigen kann.

Objektstufig verstanden spielt dieser Traum darauf an, dass für die Studentin das faszinierte Sich-Einlassen auf die Tiefenpsychologie Jungs auch mit einer Motivation, selber die Ausbildung zur Psychotherapeutin zu durchlaufen, gekoppelt ist. Die Faszination durch das Unbewusste will also in eine Motivation übergehen, Menschen in seelischer Seenot beistehen zu lernen. Subjektstufig weist das Bild auch darauf hin, dass seelische Anteile der Träumerin selber in Seenot geraten waren, seit sie auf das stürmische Gewässer des eigenen Unbewussten ausgefahren war. Hier zeigt der Traum auch, wie beherzt das Traum-Ich einzugreifen und zu retten vermag.

In Gestalt des »alten Fuchses« C. G. Jung, wie sie ihn respektvoll-ironisch nennt, hat das Unbewusste begonnen, sie selbst zu faszinieren und zu erschüttern. So kommt es, dass sie noch im gleichen Traum die ersten Schiffbrüchigen auf hoher See – in ihr selber – zu retten hat. Ein wenig Selbstkritik im Blick auf ihr bisher allzu unreflektiertes Herlaufen hinter der Faszination durch diesen »Fuchs«, durch C. G. Jung und seine Psychologie, ist in diesem Traum natürlich auch enthalten. Doch begegnete ihr im Fuchs der Therapeut in ihr selber, der mit ihr geht, damit sie ihren Weg durch den bevorstehenden Lebensübergang finden und in einer klaren Berufsrichtung realisieren kann.

Die Kraft der Seele – jenseits des Ministrantendienstes

Eine neue, von eigener Erfahrung geprägte Richtung seines religiösen Erlebens, eine Schwellenüberschreitung seiner katholischen Erziehung durch Annäherung an östliche Meditation und Naturmystik erlebt ein 24-jähriger Student in seinem Traum:

»Ich bin in unserer Dorfkirche, es ist Messe – ich bin Ministrant, obwohl ich viel zu alt dazu bin. Ich fühle mich richtig deplatziert, weiß aber nicht, ob ich mich drücken kann. Plötzlich ein Durcheinander in der Kirche. Irgendwie eine Schlägerei. Ich versuche, die Parteien zu trennen, damit ich weiß, wem ich helfen soll. Das gelingt mir nicht. Der Grund für die Schlägerei ist eine große Kuh, die mit Rollschuhen durch die Kirche fährt. Die einen wollen sie offenbar einfangen, die anderen wollen sich an ihr freuen. Ich rufe laut: ›Jetzt seht ihr, dass ich nicht gelogen habe!‹ (Ich erinnere mich während des Träumens, schon einmal von einer Rollschuh laufenden Kuh geträumt und das dem Pfarrer erzählt zu haben, der mich aber getadelt und gesagt hat, das sei doch gar nicht wahr, das könne man nicht träumen.) Hochwürden versucht, die Kuh mit der Monstranz zur Vernunft zu bringen. Das geht aber nicht. Plötzlich ist Ruhe – alle schauen zum Altar. Da steht ganz ruhig und gesammelt ein würdiger alter Mann, ganz in Gelb gekleidet, ein Würdenträger. Jetzt ist Ruhe und Sammlung da« (Riedel 1983, 84 f.).

Der Träumer fügt seinem Traum noch hinzu: »Nach dem Traum hatte ich das Gefühl, dass ein großes Problem gelöst sei, weil dieser Würdenträger aufgetaucht ist. Gelb erinnert mich an den Löwenzahn auf der Alb. Irgendwie hatte ich das Gefühl, der gelbe Mann sei ein Chinese oder ein indischer Mönch. Das Gelb strahlte etwas aus, Licht, Ruhe. Hochwürden ist überhaupt nicht würdig verglichen mit diesem gelben Würdenträger.«

Die Kuh also will mit hinein in die Kirche. Als Symbol der Natur und des Mütterlichen, Weiblichen, als mobile Kuh. Die Meditation will hinein, die Stille, die Erfahrungsweise des Ostens, und doch bleibt es der Raum der christlichen Kirche, erweitert um eine ganze Dimension. In dem Traum will in die christliche Kirche hinein, was bisher nach dem Empfinden des jungen Mannes aus ihr ausgespart war. Der junge Mann aus den Bergen, der ein begeisterter Ministrant gewesen war, war am Studienort in Kontakt mit Meditation und auch mit Naturmystik gekommen. Etwas schamvoll erkennt er, dass er zu Beginn des Traumes, erwachsen wie er ist, noch ganz in der Rolle des Ministranten steckt, er ist aber viel zu alt dazu. Zugleich hat ihn als Ministrant doch eine religiöse Erfahrung berührt, die er nicht einfach über Bord werfen will, obgleich sie nicht mehr zu seinem erweiterten Bewusstsein passt. Es kommt nun alles darauf an, diese erweiternden Tendenzen ins Bewusstsein zu heben und wirklich ins Leben hereinzuholen, dann können sie ihre heilende Kraft entfalten, andernfalls würde das bisherige Gottesbild, an dem sie sich orientiert, ihn in seiner Entwicklung beengen.

Interessant ist, dass im Traum zwei Parteien in der Kirche sind, von denen die eine sich durchaus am Erscheinen der Rollschuh laufenden Kuh freuen will, offenbar aus dem Gefühl heraus, dass sie durchaus in die Kirche gehört. Die andere Partei ist die konservative, die so etwas als Störung des bisherigen kirchlichen Lebens und des Gottesdienstverlaufs empfindet. Die Schlägerei zeigt an, dass beide Kräfte in dem Träumer zunächst miteinander kämpfen und auch er zunächst noch gar nicht weiß, auf welche Seite er sich schlagen soll. Der Geistliche, der dem Phänomen der Kuh wie in einem Abwehrzauber die Monstranz entgegenhält, kann die Lage nicht meistern. Geklärt wird sie erst, als der gelbe Würdenträger ins Zentrum tritt. Das Gelb als die Lichtfarbe strahlt etwas Erleuchtendes aus, dazu Ruhe und Sammlung. Der Traum markiert für den jungen Mann den Übergang in eine neue Qualität seiner Religiosität, in der es um persönliche, meditativ und mystisch durchdrungene Erfahrung geht. Der Ministrantendienst im traditionellen Gottesdienst erwies sich für seinen jetzigen Weg und seine Bewusstseinsentwicklung als zu unerwachsen. Im gelben Würdenträger erscheint hier bereits ein Bild des »Alten Weisen«, so wie sich in der Rollschuh laufenden Kuh eine Wandlung des Mutteraspekts andeutet, der mobil geworden ist und in das bisherige Gehäuse seiner Religion, seiner »Mutter Kirche« befreiend und verwandelnd eindringt.

Von der Schwierigkeit, im Leben zu landen

Die Schwelle zum dreißigsten Jahr erscheint als eine besonders prägnante Schwelle, da sie den Übergang von der Beliebigkeit der bis dahin unbegrenzt scheinenden Lebensmöglichkeit hin zu verbindlicheren Entschlüssen und Beziehungen markiert. Es geht dabei um das Ende einer Experimentierphase und den Beginn des Lebensthemas Verbindlichkeit. Ist diese Schwelle überschritten, erscheinen die Jahre zwischen dreißig und vierzig im Vergleich zur Adoleszenz eher als eine Phase der Konsolidierung.

In Ingeborg Bachmanns Erzählung »Das dreißigste Jahr« (Bachmann 1978 ff., 94 ff.), wird diese Schwellensituation anschaulich geschildert. Der Held, der nicht zu sich selber zu finden vermag, sondern bis dahin von einer Möglichkeit in die andere geworfen wird, von einem Beziehungsversuch zum anderen, kommt erst dann zu sich, als ein Gleichaltriger, der schon viel mehr zu sich gefunden hat, bei einem gemeinsamen Verkehrsunfall der beiden ums Leben kommt. Von dem Moment an wacht er zu seinem eigenen Leben auf.

Die Schwierigkeit, im realen Leben zu landen, stellt ein ausgesprochenes Problem beim Dreißiger-Übergang dar. Ein 34-jähriger Mann, der die Schwelle eigentlich schon überschritten haben könnte, träumt:

»Ich fliege. Ich kann es ganz gut. Es ist eine alte Kiste, wie man sie aus Kriegsfilmen kennt, ich mit Lederkleidung und Schutzbrille. Das gefällt mir sehr gut. Jetzt sollte ich landen, einfach um wieder einmal auf dem Boden zu sein, ich weiß nämlich nicht, wo ich bin. Wenn ich lande, wird es mir schon jemand sagen. Ich finde den Hebel nicht zum Landen. Ich stelle mir vor, dass irgendwann das Benzin ausgeht und ich dann ganz gemächlich herunterschwebe« (Kast 1994, 58).

Beim Erzählen ergänzt der Träumer: »Erst beim Aufwachen fällt mir ein, dass ich ja auch abstürzen könnte, so wie in den Kriegsfilmen, wenn eine Maschine ins Trudeln kommt und nicht mehr abgefangen werden kann. Da habe ich mich recht erschrocken, aber im Traum war das alles überhaupt kein Problem.«

Der Träumer tut sich tatsächlich schwer, in seinem Leben, einem Beruf, einer Wohnung oder gar einer Beziehung zu »landen«. Quälend erlebt er den Zweifel, die Angst, etwas zu verpassen, wenn er sich einmal für etwas oder für jemanden entscheiden würde. So spielt er mit allen möglichen Lebensentwürfen. Hier im Traum fliegt er in einem nostalgischen Kriegsflugzeug, einem Gerät, für das er ebenso schwärmt wie für die damals äußerst geschickten Flieger, doch ist es unübersehbar eine »alte Kiste«, also ein Fluggerät aus einer für ihn bereits vergangenen Zeit, aus dem Kriege, also aus konflikthaften Auseinandersetzungen, die eigentlich, so sagt die Herkunft des Flugzeugs aus der Kriegszeit, bereits hinter ihm liegen sollten. Er weiß aber einfach nicht, wie er auf den Boden kommen soll. Auch kennt er den dafür vorgesehenen Hebel nicht. In seiner Fantasie verlässt er sich sozusagen darauf, dass eine natürliche Landung infolge Benzinmangels geschehen wird. Beim Aufwachen erst merkt er, wie unrealistisch diese Vorstellung ist und dass es schiefgehen könnte, wenn er sich darauf verlässt. Aus seinen Assoziationen wird deutlich, dass er bisher mit einem nostalgischen Heldenbild und mit der Vorstellung identifiziert gewesen war, sich aus jeder Gefahr retten zu können. Mit dieser Identifikation verhinderte er lange Zeit die natürliche Beunruhigung darüber, dass ihn sein Lebensstil, so abenteuerlich er auch war, doch auch unbefriedigt ließ, ihn einsam machte und ihn bisher am Eingehen einer verbindlichen Beziehung oder an einem beruflichen Engagement gehindert hatte. Noch immer unter dem Anspruch des Heros-Archetyps stehend, ringt der junge Mensch in dieser Phase darum, die knapp errungene Identität und Bewusstseinsstufe nicht wieder einzubüßen und seine Individuation mit einer gewissen Selbstverwirklichung im beruflichen Beziehungsbereich verbinden zu können.

Das ungespielte Cello

Ein etwa gleichaltriger junger Mann findet sich im Traum im Zuschauerraum vor, von wo aus er dem Konzert lauscht, während er sein eigenes Cello neben sich im Dunkel stehen hat. Angesichts dieses Traumes wurde ihm klar, wie sehr er sich bisher im Zuschauerraum des Lebens aufgehalten hatte und sowohl seine Kunst Cello zu spielen wie auch Gefühle zu zeigen zurückgehalten hatte. In einem der darauf folgenden Träume prallt denn auch das Flugzeug, mit dem er seine Freundin nach Amerika fliegen sieht, gegen ein Hochhaus und stürzt ab.

In der Tat verliert er seine Freundin, die nach der Trennung von ihm auswandern will, endgültig daran, dass sich ihr das Hochhaus – es ist wohl das Hochhaus seiner überhöhten Vorstellungen von dieser Beziehung – in den Weg stellt und damit dem Flugzeug den Weg abschneidet. Im Traum »lässt« er ja beides aufeinander prallen. Auch wenn wir für unsere Träume nicht bewusst verantwortlich sind, entstehen sie doch nicht ohne uns, sondern spiegeln eine unbewusste Tendenz unserer Psyche getreu wider.

Vom Mut, Überlebtes niederbrennen zu lassen

Der Traum einer 35-jährigen Frau, der einen wirklichen Aufbruch in eine neue Lebensphase zeigt, lautet:

»In einer großen Altbau-Etagenwohnung, von der ich weiß, dass es meine Wohnung ist (obwohl ich in Wirklichkeit ganz anders wohne), habe ich überall festliche Kerzen angezündet. Es ist mir zumute, als stünde etwas Wichtiges bevor, als wäre etwas zu feiern. Auf einmal fängt der Vorhang im Wohnzimmer Feuer. Anstatt ihn zu löschen, schaue ich sehr ruhig zu, wie das Feuer sich ausbreitet. Schließlich verlasse ich die Wohnung, gehe die Treppe hinunter, hinaus auf die Straße, und laufe ruhig weiter bis hinaus auf das freie Feld vor der Stadt. Erst hier, am Rande eines frisch aufgepflügten Ackers, bleibe ich stehen und schaue zurück auf die Stadt. Der Feuerschein über meinem bisherigen Haus erfüllt mich mit einer schmerzlichen Abschiedsstimmung, aber zugleich mit einem erhobenen Gefühl, als hätte ich zwar etwas Verruchtes getan, aber zugleich etwas Wesentliches geschafft oder bestanden« (Rieß 1994, 231 f.).

Die Träumerin ist nach dem Erwachen selber darüber erschrocken, dass sie es riskiert, diese alte Wohnung niederbrennen zu lassen. Zugleich ist sie noch immer von dem erhobenen Gefühl erfüllt, dass etwas Wesentliches in ihrem Leben geschehen und vollbracht sei. Nach längeren Jahren des Festhaltens an einem alten Beruf, einem alten Lebensstil ist der Träumerin bewusst geworden, dass der Altbau, das bisherige Gebäude ihres Lebens, nicht mehr adäquat ist und nicht mehr gehalten werden kann. So leitet sie im Traum einen quasi rituellen Abschied ein, indem sie überall festliche Kerzen anzündet, aus dem Gefühl heraus, eine Phase in ihrem Leben gehe zu Ende. An dem herunterbrennenden Licht der Kerze entzündet sich der

Vorhang des Wohnzimmers, also ein Teil, der bisher ihren Innenraum schützte, und von dort breitet sich das Feuer aus. Die Situation, die sonst Panik und Eingreifen erfordern würde, wird hier in aller Ruhe hingenommen, ja mit dem Gefühl, etwas »Verruchtes, aber Wesentliches« zu tun, wie die Träumerin es nachträglich beschreibt. Ohne Panik verlässt sie die Wohnung und erlebt aus der Entfernung am Rande eines frisch gepflügten Ackers, wie ihr altes Haus von den Flammen zerstört wird. Der frisch gepflügte Acker, der ihr im Traum so deutlich erscheint, zeigt an, dass hier ein neuer Boden gefunden werden muss und kann, da, wie das Traumbild zeigt, der Acker bereits aufgepflügt ist, um den Samen für Neues aufzunehmen. Der Schmerz des Abschieds von etwas Liebgewordenem, an dem sie lange, allzu lange festhielt, verbindet sich nun mit dem Gefühl, dass die Situation reif, ja überreif sei für etwas Neues. Die Träumerin wechselt in der Folge ihren Beruf, zieht in eine neue Stadt und in einen neuen Lebenskreis um.

Die Aufgabe der Gestaltung

Das Erlebnis, etwas bewirken zu können, und die Gestaltung des Alltags treten im frühen Erwachsenenalter zunehmend an die Stelle der bloßen Ideen von einem erstrebenswerten Leben. Dieses Umdenken und diese Umstellung ist in dieser Phase vom Einzelnen gefordert. Wer diese Entwicklungsaufgabe nicht einlösen kann, wer diesen »Zug« verpasst, den überkommt unübersehbar ein vages Gefühl des Ungenügens. Hierbei spreche ich bewusst nur das an, was die einzelne Lebensphase jeweils ermöglichen könnte und damit auch fordert. Die eigene Identität wird im Verlauf der Zeit immer stärker gefunden, auch gefestigt. Bedingung dafür ist allerdings, dass man seinen Platz im Beruf und schließlich in Beziehung und Familie findet.

Die erhöhten Schwierigkeiten in den letzten Jahren, einen Ausbildungs- und Arbeitsplatz zu bekommen, erweisen sich hier als ein besonderes Problem für eine ganze Generation, die hierdurch in ihrer phasengerechten Entfaltung behindert wird. Falls keine Aufgaben im Beruf gefunden werden können, erscheint es kaum möglich, die in dieser Lebensphase anstehenden Entwicklungsaufgaben einzulösen. Es entsteht jedenfalls die Notwendigkeit, sich selbst eine befriedigende Lebensaufgabe zu suchen, sei es eine schöpferische oder künstlerische Aufgabe oder ein wagemutiger Einsatz für das größere Ganze, zum Beispiel im Rahmen von Greenpeace-Aktivitäten oder des Entwicklungsdienstes. Davon fühlen manche sich aber überfordert.

Der Elternarchetyp wird in dieser Lebensphase in neuer Weise wirksam werden, indem einerseits eine neue, vielleicht letzte Runde in der Ablösung vom Vater- und Mutter-Komplex durchschritten wird, da die junge Generation in dieser Phase selber Kinder erwartet und bekommt, selber zur Elterngeneration wird. Im erwachenden Kinderwunsch und in der Sorge um die eigenen Kinder wird der Elternarchetyp vielfach virulent, doch wirkt er auch in der Verantwortung um symbolisch verstandene Kinder, um anvertraute junge Menschen – Auszubildende, Schüler, Studenten – und letztlich um eigene, innere Möglichkeiten. Doch werden die eigenen inneren Möglichkeiten in dieser Phase noch überwiegend auf die realen Kinder und auf Schüler projiziert. Allenfalls bei Singles und Kinderlosen richtet sich das Sorgetragen bereits auf eigene innere Chancen, denen man gleichsam zu Vater und Mutter wird. Gleichzeitig wird die eigene Individuation in diesem Alter auch bezogener und überhaupt als etwas Gemeinsames verstanden, indem man zum Beispiel auch dem Partner, der Partnerin und überhaupt den Mitmenschen Selbstverwirklichung zugesteht und nicht nur sich selbst. In diesem Alter könnte der weithin unbekannt gebliebene Ausspruch Jungs in seiner Berechtigung anerkannt werden: »Der unbezogene Mensch hat keine Ganzheit, denn er erreicht diese nur durch die Seele, die ihrerseits nicht sein kann ohne ihre andere Seite, welche sich stets im Du findet« (Jung 1947/1984, 148–171).

Väterlich werden: Vom Ringen um Heilung des inneren Kindes

Von vielen wird an den Erlebnissen mit den heranwachsenden Kindern die eigene Kindheit wiedergefunden und aufgearbeitet. Die bisherige Lebensgeschichte wird noch einmal präsent, was als Voraussetzung dafür gelten kann, sich schließlich von ihr ablösen zu können und sie wirklich loszulassen.

Andreas, ein 28-jähriger noch ungebundener Mann, träumt, Anna sei ihm anvertraut, ein quicklebendiges, dunkelhäutiges Kind. Zunächst ist er etwas unaufmerksam gegenüber Anna, etwas genervt, bis sie schließlich von einer Leiter fällt und sich den Finger bricht. Da wird Andreas hellwach, sucht mit allen Mitteln einen Arzt für sie, ist entsetzt, dass sich dieser zunächst noch recht gleichgültig verhält. Da beginnt Andreas, um Anna und für die Behandlung ihres Fingers regelrecht zu kämpfen. Er erlebt in Anna sich selbst wieder als ein Kind, um das man sich nicht genügend gekümmert hat, sein Ich wird aufmerksam und fühlt bei diesem Traum auch die Sehnsucht nach einem Kind in sich aufsteigen. Der verantwortliche Mensch, der väterliche Mensch, der gerne Sorge für heranwachsendes Leben tragen möchte, wird in ihm wach.

Durch Kinder werden im jungen Erwachsenen kindliche Seiten noch einmal stimuliert, wiederbelebt oder überhaupt zum ersten Mal wahrgenommen.

Befreiung aus der tödlichen Schlinge

Ein weiterer Traum von Andreas, der eine sehr karge, belastete Kindheit und Jugend hatte, lautet:

»Ein Mann, der schon hingerichtet werden sollte, befreit sich aus der Schlinge und bewegt sich auf einmal behende wie ein junger Affe.«

Andreas hatte lange gebraucht, um sich für Beziehung und Beruf zu entscheiden. Die unerfüllte Entwicklungsaufgabe quälte und entwertete ihn innerlich so lange, dass er schon von ernsten Schuldgefühlen und der Angst, ein Versager zu sein, letztlich sogar von suizidalen Gedanken geplagt war. Als er sich aus der Schlinge, die ihn in der überholten Phase festhielt, befreien konnte, kommt eine ungeheure Beweglichkeit über ihn, so dass er sich »bewegt wie ein junger Affe«. Er ist sich seiner Instinkte wieder sicher, die der Traum mit einem Tier vergleicht, das in seiner Beweglichkeit dem Menschen weit überlegen ist.

Der Abschied vom angeketteten Sänger

Ein Übergangsweg besonderer Art, bei dem viel verlassen werden muss, kündigt sich bei einem Arzt, derzeit Mitte dreißig, an. Der Traum lautet:

»Ich bin auf dem Hofgut, von dem ich herstamme (es sieht aus wie aus dem 16. Jahrhundert, aus meinem Leben kenne ich es nicht). Ich weiß, dass ich jetzt von hier Abschied nehmen muss. Vor dem Haus des Nachbarn steht ein Mann, der hier immer stand, er sieht, dass ich gehen will, und fängt mir zum Abschied (was ungewöhnlich ist, offenbar mag er mich) das Lied an, das er immer gesungen hat. Ich kenne es so gut, es tönt voll und etwas unheimlich durch den Hof. Ich merke, dass ich den Mann nie richtig wahrgenommen habe, nur das Lied gehört; jetzt sehe ich: Er ist angekettet wie ein Hund (beziehungsweise ein Narr) und läuft, während er zu singen beginnt, in möglichst weitem Umkreis mit gespannter Kette.

Plötzlich höre ich mehrstimmig dasselbe Lied; wunderbar: ein Chor aus Männern, das heißt aus dem einen Mann, derselbe steht vier- oder fünfmal da, in schöner Uniform mit goldenen Knöpfen, und sie singen. Es ist, als wäre mir diese Vision durch den Blick des Mannes gekommen, der mir ja zum ersten Mal begegnet war. Der Mann ist mir übrigens sehr sympathisch, und ich bedaure sein Schicksal, angekettet sein zu müssen.«

Der Traum bewegt den jungen Mann sehr tief, er kommt lange nicht von ihm los. In der Ausgangssituation ist er wieder auf dem Hofgut, von dem er herstammt, wie er im Traum weiß, obgleich er es aus seinem Leben gar nicht kennt. Es ist quasi eine »ältere Heimat«, »es sieht aus wie aus dem 16. Jahrhundert«. Ein »Hofgut« ist bekanntlich ein großzügiges Gelände, zu dem Landwirtschaft gehört, auch ein Tierbestand, dazu aber ein herrschaftliches Haus. Was mag das 16. Jahrhundert für den Träumer bedeuten? Es war das Zeitalter der Glaubenserschütterungen in Europa, der Reformation und der Gegenreformation, und der Träumer ist in der Tat an religiösen Fragen lebhaft interessiert und vielfach von ihnen auch zerrissen. Bei einer solchen Zeitangabe im Traum könnte man natürlich auch fragen, ob sie auf sein eigenes 16. Jahr zurückweist, ist es womöglich seit damals, dass er in diesem geistigen Gebäude gelebt hat? Wer an frühere Leben glaubt, könnte auch vermuten, dass er im 16. Jahrhundert schon einmal gelebt hat. Wesentlich ist an diesem Traum, dass der Träumer genau weiß, dass jetzt der Abschied von diesem Hofgut gekommen ist. Erst über diesem Wissen und diesem Entschluss bemerkt er vor dem Haus des Nachbarn einen Mann, der, wie er sich besinnt, einfach immer hier gestanden haben muss und den man sozusagen bei jedem Schritt aus dem Tor des eigenen Hofgutes bemerkt haben müsste. Er gehört zum Inventar dieser Lebenslandschaft. Auch dieser Mann, diese Traumfigur sieht von sich aus, dass der Träumer gehen will, es ist ihm offenbar so ernst damit, dass die innerpsychischen Figuren über diesen Entschluss verständigt sind. Ausdrücklich »zum Abschied«, wie der Traum sagt, beginnt er das Lied zu singen, das er immer gesungen hat. Der Träumer setzt hinzu: »Was ungewöhnlich ist, offenbar mag er mich.« Es besteht also eine geheime Verbundenheit, ein Einvernehmen und Einverständnis zwischen diesem Mann, der beim Nachbarn lebt, und dem Träumer. Das Lied steht im Zentrum des Traumes, drückt eine intensive Gefühlserfahrung aus, wie es oft im Traum ist, wenn ein Lied vorkommt. Der Träumer beschreibt das Lied: »Ich kenne es so gut, es tönt voll und etwas unheimlich durch den Hof.« Es ist ein klangvolles, aber etwas unheimlich tönendes Lied – auf eine ebenso klangvolle wie etwas unheimliche Gefühlserfahrung zurückweisend. Was mag das für eine Erfahrung sein? Gehört sie vielleicht wirklich zum 16. Lebensjahr? Erst indem er dieses Lied wieder hört, bemerkt der Träumer, dass er über dem Lied, das er immer vernahm, den Mann selbst, der das Lied singt, der hinter diesem Lied steht, bisher »nie richtig wahrgenommen« hat. Er macht erst jetzt, schon im Weggehen, die schreckliche Entdeckung, dass dieser Mann angekettet ist – wie ein Hund oder wie ein Narr. Ist der Sänger auf das Stadium eines Hundes degradiert, hält man ihn wie ein Tier, oder – was die Sache nur noch beschämender und komplexer macht – hält man ihn so, wie man früher einen Narren hielt? Während er zu singen beginnt, läuft er in möglichst weitem Umkreis mit angespannter Kette umher, den kleinen Spielraum, der ihm gegeben ist, so weit wie möglich ausschreitend.

Der Mann erschüttert den Träumer sehr. Ist er doch selber einer, der oft ganz für sich allein, manchmal aber auch für den einen oder anderen nahen Menschen etwas singt, einen alten Hymnus, ein Marienlied oder auch selbst erfundene Melodien. Dies macht er gerne in ganz besonderen, auch religiös getönten und melancholischen Stimmungen, er hat eine schöne, unverbildete Stimme. Es macht ihn sehr betroffen, den Mann, der offenbar immer dann konstelliert ist, wenn in ihm etwas singt, nun näher in seine Lebensgeschichte und -landschaft eingeordnet zu sehen. Offenbar gehört der singende Mann zu jenen Lebenssituationen, jenem Hofgut, das vielleicht seit dem 16. Jahr seine innere Heimat ist, er ist ja selber gefühlsstark, religiös, melancholisch und musikalisch. Er ist aber dort angekettet, in jener Lebenssituation, in der er damals war, kann auch nicht mitwandern bei dem Aufbruch, der dem Träumer selber offenbar bevorsteht. Es bewegt den Träumer außerordentlich, jetzt Augen dafür zu bekommen, dass jene Seite in ihm, die sich manchmal singend ausdrückt, ein angeketteter Sänger ist, ein Narr, ein »armer Hund«. Will ihm der Traum sagen, dass er aus dem Erlebnis des Angekettetseins heraus zum Singen kam und sein gefühlhafter und schöpferischer Selbstausdruck aus diesem existentiellen Leiden herrührt? Aber selbst wenn es so wäre, sagt ihm dieses Traumbild zugleich, dass er einen Weg gefunden hat – seit seinem 16. Jahr –, diese Ankettung zu überwachsen, indem er seinen Gesang, bewusste Klage und Spiritualität daraus machte.

Als es ihm gelingt, den Blick des singenden Mannes aufzufangen, erweitert sich das Traumbild auf einmal: Der Träumer hört in diesem Moment dasselbe Lied, aber wie vervielfacht, mehrstimmig, wunderbar, wie er selbst es empfindet: »Ein Chor aus Männern, das heißt aus dem einen Mann, derselbe steht vier- oder fünfmal da, in schöner Uniform mit goldenen Knöpfen, und sie singen.« Das Lied multipliziert sich, wird zum Chor, zum mehrdimensionalen Klangkörper – vier weist auf Vollendung hin, fünf auf natürliche Ganzheit –, der wunderbar und vollkommen tönt. Dazu wirken diese Männer nicht wie armselige Gefangene, angekettet wie ein Hund oder wie ein Narr, sondern erscheinen in würdevoller und schöner Kleidung und Haltung. So schöne Musik entsteht aus dem Los der Angeketteten! Das macht den Träumer sehr nachdenklich, er notiert zu diesem Traum: »Es ist, als wäre mir diese Vision durch den Blick des Mannes gekommen, der mir ja zum ersten Mal begegnet war.« Der Blickkontakt mit diesem »singenden Mann in ihm selber« – eine echte »Animusfigur« eines Mannes, viel mehr als sein »Schatten« – potenziert und erhebt diesen Mann wie seine Musik ins »Wunderbare«. Dies alles wird sichtbar beim Abschiednehmen – die alte Situation entbirgt, was für ein Wert in ihr enthalten war –, und es ist dennoch Zeit für den Träumer, diese Situation zu verlassen, ja zu transzendieren. Indem er das Schicksal des »Sängers in Ketten« bedauert und seine Zuneigung zu ihm bewusst wahrnimmt, überwächst er ihn auch und kann zugleich mit ihm das »Hofgut« des 16-Jährigen verlassen, um – »deo concedente« – ein Sänger in Freiheit zu werden, die alte Bedingung abzustreifen, die es ihm wahrscheinlich bis dahin unabdingbar erscheinen ließ, ein Leidender zu sein, um singen zu können und zu dürfen.

Das getötete Reh oder: Die Opferung eines scheuen Gefühls

Ein bitteres Abschiednehmen von dem langjährigen, zarten, vielleicht allzu scheuen Gefühl zu einer Frau – von einer Beziehung, die sich als unerfüllbar erwies, seit sie sich einem anderen zuwandte – drückt sich in dem Traum des gleichen Arztes aus, der vier Monate früher den Traum vom Sänger vom Hofgut im 16. Jahrhundert geträumt hat. Hier ist der Teil eines Lebensüberganges, der im radikalen Abschiednehmen besteht, besonders betont. Wie es weitergehen soll, wissen wir hier noch nicht. Der Traum lautet:

»Ich fahre mit noch einem anderen (ein mir vertrauter Unbekannter, etwa zwischen Lehrer und Freund) in einem großen Auto durch den Wald; wir halten an einer halb offenen Waldhütte. Ein kleines Reh ist da, ganz zierlich und zutraulich. Der andere sagt, ich solle es packen und verbrennen. Ich packe es an den Hörnern, es ist im Moment des Zupackens leicht widerwillig. Ich drücke es mit dem Kopf in ein kleines Feuer, das wir gemacht haben, da fängt es Feuer am Kopf, schreit aber nicht und verbrennt ganz. Da kommt eine Frau (es ist eine jüngere Frau, die direkt aus dem Wald kommt, sie ist die Frau des Försters oder die Waldhüterin), die uns kennt, und fragt besorgt, was wir da gemacht haben.

Wir dürften das nicht (als ob wir gewildert hätten). Sie hat großes Mitleid mit dem Reh und meint, wir hätten es grausam behandelt, es habe bestimmt geschrieen. Ich erkläre ihr, dass es gar nicht geschrieen hat. Ich gehe um das Auto, das praktisch die ganze Fahrstraße versperrt, um die Knochen von dem Reh (es handelt sich mittlerweile, seit dem Gespräch mit der Frau, um einen Menschen) zu sammeln und zu begraben. Es ist ein zierlicher Menschenschädel dabei. (Beim Begraben handelt es sich darum, die Spuren zu verwischen.)«

In dem Traum fährt der Träumer mit einem anderen, einem vertrauten Unbekannten (der Träumer hat auch real solche männlichen Lehrer-Freunde), also jedenfalls unter männlicher Verstärkung durch den Wald, wo sie an einer Waldhütte anhalten. Im Wald also werden sich die kommenden Vorgänge abspielen, im Bereich der reichen, geheimnisvollen, unbewussten Natur. Hier findet sich nun ein kleines Reh, »ganz zierlich und zutraulich«, als hätte es auf die beiden gewartet. Ein solches Reh kann für zarteste Gefühlsimpulse stehen, von Natur aus sehr scheue, aber zutraulich gewordene – wie sie in der langjährigen Bezogenheit des Träumers auf jene Frau entstanden sind. Der andere, der Lehrer-Freund, sagt ihm nun, er solle dieses Reh packen und verbrennen. Offenbar braucht es zu einem solchen Entschluss eine Stimme von einer gewissen objektiven Autorität, einer vertrauenswürdig befreundeten jedoch, es ist nicht das Ich des Träumers selbst, das sich so etwas zu sagen wagt. Es erscheint ja wie etwas ungeheuer Grausames, was hier getan werden soll, dieses überaus zarte und noch dazu zutrauliche Wesen, das kleine Reh, zu opfern. Denn um eine Opferhandlung geht es, schon das Verbrennen deutet dies an. (Der inzwischen mit anderer Bedeutung beladene Ausdruck »Holocaust« meinte ursprünglich solch ein »Ganzopfer«, ein Verbrennen, das das geopferte Wesen gänzlich den Göttern weiht, ohne sich noch ein Opfermahl aus dem geschlachteten Tier zu bereiten, ohne an solch einem Opfermahl teilzunehmen.) Es wird ganz und gar hergegeben – und zwar an das Feuer als das nicht nur vernichtende, sondern auch verwandelnde, Stoff in Energie transformierende Element. In wortlosem Einvernehmen mit dem anderen Anteil seiner selbst, dem Lehrer-Freund, beginnt das Ich des Träumers mit dem Vollzug des Opferns.

Nachdem das Opfer ohne jeden Schrei verbrannt ist, taucht unmittelbar – in traum-logischer Folge – die Waldhüterin auf, eine jüngere Frau noch, die die beiden Männer kennt. Auch sie ist also ein diesem durchaus bekannter Seelenanteil des Träumers. Vor allem drückt sie das große Mitleid – letztlich des Träumers selbst! – mit dem Reh aus, das grausam behandelt worden sei und gewiss vor Schmerzen geschrieen habe. Mit der Erklärung, dass es gar nicht geschrieen habe, sucht der Träumer diesen Vorwurf, gequält zu haben, zurückzuweisen und betont noch einmal seine Übereinstimmung mit dem Opfertier, die innere Stimmigkeit der Opferhandlung. Dennoch hat die Waldhüterin den nötigen und richtigen Gefühlston eingebracht, die Emotionalität, das Mitleiden mit dem Reh, zugleich mit dem Gefühl des Träumers, dieses zarte geliebte Wesen opfern zu sollen, zu müssen. Indem der Gefühlston aufkommt, seit dem Gespräch mit der Frau, verändert sich das Reh, zunächst etwas mehr Instinkthaftes, in etwas Menschliches, etwas Seelenhaftes, Bewusstseinsfähiges, und als er die Knochen des Rehes einsammeln will, um sie zu begraben, sind sie plötzlich zu menschlichen Knochen, zu denen sogar ein zierlicher Schädel gehört, geworden. Es ist deutlich, dass es sich um das Opfer von etwas Menschlichem, ja um ein Menschenopfer handelt und damit um etwas Archaisches, das dem modernen Bewusstsein des Träumers wie ein Tabubruch, letztlich auch wie ein Frevel erscheint. Er glaubt deshalb auch, die Spuren des Frevels völlig verwischen zu müssen. Seine Gewissensambivalenz wird sichtbar, die Spaltung zwischen dem Willensimpuls, das Reh opfern zu müssen – vertreten durch seinen Lehrer-Freund –, und dem durch die Waldhüterin vertretenen Gefühlsimpuls, das Reh nicht getötet haben zu dürfen, vor allem nicht auf grausame Weise. Indem er die Knochen einsammelt, um sie zu begraben, ist dieses

Opfer trotz widersprüchlicher Gefühle als unwiderruflich vollzogen bezeugt. Der Träumer hat sich in der darauf folgenden Zeit noch stark mit seinen widerstreitenden Gefühlen auseinandersetzen müssen, es kam darauf an, die Argumente der Wildhüterin insofern ernst zu nehmen, als es bei dem Opfer des Rehes nicht darum gehen konnte, die reiche und zarte Gefühlsskala und die Liebesfähigkeit, die die Bezogenheit auf jene Frau in ihm erweckt hatte, mit zu opfern, es kam ja gerade darauf an, sie auszudestillieren als die innere Essenz jener Beziehung, die er auf der äußeren, realen Beziehungsebene unwiderruflich opfern musste. Das Opfer, das Abschiednehmen war der erste Schritt, die erste Phase innerhalb des Lebensüberganges jenes Mannes, das Ausdestillieren der Gefühle, das bereits in dem Traum beginnt, leitet die zweite Phase ein. Den dritten Schritt, die dritte Phase wird er dann erreichen, wenn er seine Beziehungsfähigkeit wiedergewinnt als in dem Trennungserlebnis erprobt und gereift und somit neuen Boden, Neuland für künftige Beziehungen betritt.

Er ist einer der Menschen, denen durch bestimmte lebensgeschichtliche Erfahrungen Trennungen immer besonders schwer gefallen sind und die deshalb Gefahr laufen, Beziehungen symbiotisch zu leben und damit zu überlasten. Er tendierte auch dazu, sich in einer unerfüllbaren Beziehung wie in jener letzten festzuklammern, auf die Gefahr hin, nie eine erfüllte und ganz befriedigende neue Beziehungsebene zu finden. Das Opfer des »zarten, zutraulichen Rehes« in ihm selber, eine mädchenhafte Seite gleichsam, brachte ihn seiner autonomen Männlichkeit näher. Deren Gefahren wiederum, in dem sehr großen Auto ausgedrückt, mit dem die beiden Männer durch den Wald fahren und mit dem sie zuletzt die ganze Straße versperren, ist ein Zug in dem Traum, der dem Träumer gar nicht gefiel, da er einen Schattenaspekt von ihm, eine gewisse »Großspurigkeit« ausdrückt, mit dem er sich im Prozess seines Lebensüberganges weiter auseinanderzusetzen hat.

Es ist nicht selten, dass im jungen Erwachsenenalter eine Beziehung, auch wenn der Betreffende sehr an ihr hängt, gleichsam geopfert werden muss, um eine Selbstfindung und vielleicht eine neue Beziehung überhaupt erst zu ermöglichen. Beziehungsfindung und Beziehungsprobleme spielen in diesem Alter eine besondere und gegenüber der Adoleszenz auch neue Rolle. Sie fordern eine gründliche Klärung auf der konkreten Beziehungsebene, dazu eine erneute Ablösung vom Vater- und Mutter-Komplex, der bisher allzu unbewusst und leicht auf den jeweiligen Partner oder die Partnerin übertragen wurde. Der junge Mensch kommt hier erst richtig darauf, dass er auf seinen Beziehungspartner oft etwas projiziert, was ursprünglich mit ganz anderen Menschen erlebt worden ist. Auch geht ihm auf, was er eigentlich damit tut, wenn er den Vater- oder Mutter-Komplex auf Partner und Partnerin überträgt, und was er sich damit alles an Problemen schafft. Zögernd werden meist erst gegen Ende dieser Phase, also gegen Ende der dreißiger Jahre, solche Formen der Projektion erkannt, die bis dahin immer wieder heftige Beziehungskrisen ausgelöst haben können. Schritt für Schritt werden diese Projektionen zurückgenommen. Allmählich nimmt man es seinem Partner und seiner Partnerin nicht mehr gar zu übel, dass sie nicht ganz dem Anima- oder Animusseelenbild entsprechen, das man sich von ihnen gemacht hat, sondern dass sie gewöhnliche Menschen sind wie man selber auch – und als solche von nun an vielleicht nicht mehr nur für Enttäuschungen, sondern auch für humorvolle Akzeptanz gut sind. Zurück bleibt jedoch die Sehnsucht nach einer vertieften Liebesbeziehung von ganzheitlicher Bedeutung, und latent werden Animus und Anima immer mehr als inneres Paar begriffen und können eine Beziehungsfantasie auslösen, die letztlich auf die Ergänzung und Ganzheit von Männlich und Weiblich in der Psyche eines jeden, einer jeden von uns selber zielt.

Vom Liebespaar unter dem Lebensbaum

Ein 38-jähriger Mann, der eine Trennung hinter sich hat und weiß, dass Liebe mit viel Schmerz verbunden sein kann, träumt, da er sich nicht schon wieder auf eine Beziehung einlassen möchte, fast wider Willen, aber dennoch mit spürbarer Ergriffenheit von einem Paar:

»In meinem Traum war ein Paar unter einem riesigen Baum. Es regnete, glaube ich, aber es brannte auch ein Feuer. Das war wirklich so. Ich habe ganz gebannt zu diesem Paar hingeschaut. Es packte mich wie ein Blitz, ich war atemlos. Das Gefühl von Ganzheit, von Glück, von Liebe durchflutete mich. Irgendwie war es einfach göttlich« (Kast 1988, 13).

Der Mann war außerordentlich angerührt von diesem Traum. Auch spürte er sofort, wie dieses Paar mit ihm selber zu tun hatte: »Der Mann hatte etwa meine Gestalt, aber er war auch anders, er war irgendwie lebendiger, als ich es bin«, und dann ergänzte er noch: »Es ist sonderbar, aber dieser Mann trug einen Ring, den ich auch trage. Also dieses Paar da, da muss irgendwie ich dabei sein, aber ich bin es auch nicht, ich schaue ja auch zu. Die Frau, das könnte diese Frau sein, die ich jetzt eigentlich nicht sehen will, weil sie mich zu sehr fasziniert, aber es ist auch nicht diese Frau, sie ist irgendwie perfekter, es stimmt nicht ganz.«

Die Frau erinnert ihn an eine wirkliche Begegnung, die er vor Kurzem hatte, die er aber innerlich, noch unter dem Eindruck seiner zurückliegenden Trennung, abwehrt und der er in der Wirklichkeit auch nicht nachgegeben hat. Doch angesichts dieses inneren Paares, das sich jetzt in ihm selber konstelliert, drängt sich ihm der Ausdruck auf: »Da passt einfach das Wort göttlich.« Indem er es ausspricht, ist es ihm peinlich, denn er ist ein Mensch, der das Wort »göttlich« sonst eigentlich nicht gebraucht. Und doch fügt er hinzu: »Das ist wie das Erlebnis des Göttlichen, das war ganz sexuell und ganz göttlich.« Der Traum und das Bild dieses Paars ergreifen ihn einfach in seinem Traum. Dieses Paar könnte »als ein Symbol des Selbst im Jungschen Sinn verstanden werden, ein Symbol des Mysterium conjunctionis, das Geheimnis der Verbindung von Gegensätzen, und zwar sowohl von der Emotion der Ergriffenheit, von der Betroffenheit, als auch von der bildnerischen Gestaltung her« (Jung 1990). Die Sehnsucht nach unserer Ganzheit drückt sich oft in einer erotischen Fantasie aus – darum wird deutlich, dass es bei der Liebessehnsucht nicht nur um das Wohlbefinden des Ich, nicht einmal nur um das Verbundensein mit einem Du geht, sondern dass darüber hinaus durch diese Beziehung eine Dimension des Lebens erlebt wird, die beide Beteiligten übersteigt, eine Beziehung zum Selbst.

Das Lebens-Steuer: Verloren und wiedergefunden

Carl Gustav Jung betrachtete das 35. Jahr als das Jahr der Lebensmitte, in dem sich die Wende vom bis dahin im Allgemeinen eher extravertierten Lebensstil, der dem Aufbau des Lebens in der Außenwelt verpflichtet ist, zu einer Hinwendung zur Innenwelt vollzieht. Das erlebt ein derzeit 35-jähriger Pfarrer in seinem Traum:

»Am Ufer stehend und in die Brandung schauend nehme ich auf einmal wahr, wie eine mächtige Woge etwas heranbringt, ein Schiffssteuerrad ist es, dem eine Speiche fehlt, wie ich feststelle, als es vollends ans Land rollt. Ich bin sehr nachdenklich über den Fund, der bedeuten kann, dass das Schiff, zu dem dieses Rad gehört, gesunken ist. Oder hatte das Rad versagt, war es ausgewechselt worden? Als ich nachdenklich aufschaue, bemerke ich, dass schon eine ganze Zeit ein Fuchs neben mir sitzt – seine Spur kommt über die Sanddüne, aus der Wüste also zum Meer herunter – und mich so aufmerksam betrachtet, als habe er mich die ganze Zeit über in meinem Selbstgespräch belauscht. Der Fuchs blickt mich so eindringlich und unwiderstehlich an, dass ich beginne, mit dem Fuchs über den Sinn meines Fundes, über das vom Meer angeschwemmte Steuerrad zu sprechen« (Riedel 1986, 30).

In seiner Lebensmitte erlebt sich der Träumer am Meer, ein Bild zugleich für die Tiefe und Weite der Seele und ihre unbewussten und unbekannten Tiefenräume, und erfährt dieses Meer als sehr bewegt. In seiner lebhaften Dynamik wirft es ihm etwas vor die Füße, womit er in diesem Moment nicht gerechnet hat, das Steuerrad eines Schiffes. Nun bemerkt er, dass eine Speiche fehlt, und beginnt über die Herkunft dieses Steuers und den Sinn seines Fundes nachzudenken. Ist das Schiff vielleicht gesunken, oder treibt es noch immer steuerlos auf dem Meer? So mutet ihn dieses Steuerrad an wie die Botschaft von einer Katastrophe, die womöglich tief im Unbewussten stattgefunden haben muss. Jedenfalls hatte das Bewusstsein sie bis dahin gar nicht bemerkt! Subjektstufig gesehen können wir das Steuer als einen inneren Anteil des Träumers selbst, als das Steuer eines seiner eigenen inneren Seelenschiffe betrachten, mit dem er in der »Nachtmeerfahrt« sein Unbewusstes befährt und zur Zeit wohl steuerlos ist. Das könnte heißen, dass dieser im Bewusstsein sensible und wache Pfarrer, der in der Gemeinde sehr viel leistet und aufbaut, zu der Zeit seine Navigationsfähigkeit im Bereich des Unbewussten eingebüßt hat. Ob dies gerade eine Folge seiner starken Überbewertung des Bewusstseinsbereichs sein kann? Von diesem Fund, einem Zufallsfund, für den er keinerlei Verantwortung übernehmen müsste, lässt sich das Traum-Ich doch sehr betreffen. Er ahnt, dass es darum geht, die Übermacht des Unbewussten, des Meeres anzuerkennen und dennoch die bewusste Steuerung, das Steuerrad zu reparieren und wieder zu übernehmen. Da sieht der Träumer den Fuchs dasitzen, wachen Auges, als habe dieser sein Selbstgespräch belauscht. Erscheint er doch hier wie ein Alter Ego, ein anderes Ich des Träumers, aber als Fuchs eben mit einem tiefen, instinktsicheren Witterungsvermögen ausgestattet!

Mit dem dringlichen Wunsch erwacht, mit diesem Fuchs über die verlorene Steuerung seines tieferen seelischen Lebens nachzudenken, begann der Pfarrer tatsächlich einen inneren Dialog mit dem Fuchs im Sinne der Aktiven Imagination von C. G. Jung, der dann dazu führte, dass er diese hilfreiche Figur immer näher kennen lernte, sich mit ihr auseinandersetzte, um sie schließlich als eigenen Anteil integrieren zu können. In dem Fuchs, der ihm, als er wirklich ratlos war, über die Sanddüne zugelaufen war, entdeckte er einen künftigen Seelenführer mit Spürsinn und natürlicher Weisheit – lauter Kräften, die der Pfarrer in seiner bisher etwas zu rationalen Ausrichtung unterschätzt hatte. Gemeinsam mit diesem Fuchs konnte er den Übergang über die Lebensmitte bewältigen, einen Übergang, der sich zunächst mit der Botschaft vom Bruch des inneren Steuerrades angekündigt und gezeigt hatte, dass die »Nachtmeerfahrt« über die Tiefen des Unbewussten fortzusetzen war.

Expedition in unerschlossene Naturbereiche

Ähnlich erging es einem 38-jährigen Arzt, der von seiner derzeit überlaufenen nervenärztlichen Praxis beinahe aufgefressen wurde und sich nach einer neuen Perspektive und inneren Erfüllung sehnte. Auch er berichtet ein folgenschweres Traumerlebnis, in dem er, der eher rational und nüchtern denkende Facharzt, mit einer quasi schamanistischen Gestalt in Berührung kommt, die ihm den Zugang in völlig neue Bereiche der äußeren und der inneren Natur erschließt:

»Mit einer Gruppe unternehme ich eine naturkundliche Expedition in ein sonst unzugängliches Waldgebiet. Der Gruppenleiter ist eigenartig, sein Gesicht ist hinter einer Tiermaske nicht zu erkennen. Er spricht mit einer seltsamen Stimme, die uns aber dennoch gut verständlich ist, weil er sehr langsam und ausdrucksvoll spricht. Er ist der Leiter und Fachmann, ohne den niemand dieses Gebiet betreten darf. Wir müssen uns ganz auf ihn verlassen.

Vor Betreten des Waldes warnt er uns vor einer bestimmten Vogelart, die uns gefährlich werden könnte. Er würde uns genaue Verhaltensanweisungen geben, an die wir uns exakt zu halten hätten, damit niemandem Gefahr droht.

Bei der ersten Erkundung des Waldes, der eher wie ein Urwald wirkt, sollen wir uns alle im Kreis hinknien, unsere Köpfe vornüber neigen, die Hände auf den Boden legen. So würden sich die Vögel vorsichtig nähern, wir könnten sie in aller Ruhe beobachten, keine Vogelart würde uns so gefährlich werden. Tatsächlich kommen unterschiedliche Vögel immer näher zu uns, berühren uns leicht, hopsen auf uns herum, auf dem Boden, schließlich sogar über unsere Körper und auf unseren Köpfen. Ich spüre ihre kleinen Krallen auf mir und habe ein Gefühl von Beklemmung und Angst, aber die genauen Instruktionen des Gruppenleiters beruhigen mich und auch alle anderen. Die Vögel sind einzeln betrachtet eher winzig, flauschig, harmlos wie Finken oder Spatzen, einige aber sind größer, wie schwarze Rabenvögel. In der großen Anzahl könnten sie aber durchaus eine Gefahr bedeuten (Hitchcocks Vögel kommen mir in Erinnerung).

Bevor es dann wieder weiter in den Wald geht, sehe ich mir den Expeditionsleiter nochmals genauer an, jetzt mit größerer Neugier. Ich sehe, dass er eine Eulenmaske trägt, an der gleichzeitig zwei Scheren wie bei einem Krebs angebracht sind. Hinter der Maske erkenne ich sein Gesicht nur undeutlich, gehe näher an ihn heran, um klarer zu sehen, erkenne mehr und gehe immer näher, um ihn noch besser zu sehen, bis sein Gesicht vor meinen Augen verschwimmt und ich mit einem Schreck erwache.«

Der Träumer ist von dem Traum außerordentlich betroffen, doch bemerkt er selbstkritisch: »Beim Erwachen habe ich das Gefühl, dass meine Neugier mit mir durchgegangen ist, dass ich zu auf- und eindringlich war und möglicherweise vor dem erschrocken bin, was ich in seinem Gesicht gesehen habe. Aber ich weiß nicht mehr, was es war.«

Seine Vorsicht und Besonnenheit – auch bei großer Neugier – zeigt sich allerdings zunächst darin, dass er sich nicht auf eigene Faust, sondern im Rahmen einer geführten Gruppe zu der naturkundlichen Exkursion in den Urwald entschließt. Auffallend ist der Gruppenleiter und Fachmann, »ohne den niemand dieses Gebiet betreten darf«. Es ist also mit einem Tabu belegt, das der Träumer sehr wohl wahrnimmt (für ihn selber ist dieser Lebensbereich ja bisher mit einem Tabu belegt gewesen). Dieser »Fachmann« – der Träumer hat als Facharzt eine natürliche Achtung vor Fachkompetenz – trägt jedoch eine Tiermaske, die sein Gesicht völlig verhüllt. Er geht also bei diesem Expeditionsgang in seiner Funktion auf, will und kann als Person hier nicht wahrgenommen werden. Indem er eine Vogelmaske trägt, passt er sich den Vögeln an, denen es hier zu begegnen gilt, er verbindet sich auf diese Weise wie ein Schamane mit seinem Totemtier. Auch die Stimme ist seltsam – wie es manchmal von Schamanen bei ihren rituellen Rezitationen und Handlungen berichtet wird –, doch ist sie sehr langsam und ausdrucksvoll. Es handelt sich also um einen Mann, der gänzlich mit der Natur vertraut, ja mit ihr verwoben ist – etwas, das den Träumer zwar fasziniert, was ihm aber auch unheimlich ist, bisher fremd.

Als Erstes spricht dieser Führer eine Art von Warnung aus und weiht zugleich in die Schutzmaßnahmen ein, er lehrt Respekt vor der Natur, speziell vor einer bestimmten Vogelart. Vögel stehen für Fantasie, Sehnsucht, auch für Ideen. Mancher, der allzu abgehobene Ideen vertritt, gilt ja im Volksmund als einer, der »einen Vogel hat«. Hier aber geht es um Fantasien, die offenbar ins Reich der Natur gehören, vielleicht um Sehnsüchte und Tagträume.

Bei der ersten Erkundung des Urwalds weist der Fachmann die Gruppe in eine rituelle Haltung ein: sich im Kreis niederknien, die Köpfe vornüber neigen und die Hände auf den Boden legen. Wenn wir uns in diese Haltungen hineinversetzen, merken wir, dass es sich um eine fast meditative, eine gebetsähnliche Haltung handelt, die tiefen Respekt, ja Ehrfurcht vor dem Kommenden ausdrückt. Immer wieder spürt der Träumer, durch den Fachmann gewarnt, die latente Gefahr, die von den Vögeln her drohen könnte. Nun fühlt er sie im Traum tatsächlich nahen, unterschiedliche Arten, die er zunächst auf dem Boden, um sich selbst und die anderen Gruppenteilnehmer »herumhopsen« sieht, bis sie den Träumer und die übrigen Gruppenmitglieder schließlich direkt berühren, am Körper und gar auf den Köpfen: »Ich spüre ihre kleinen Krallen auf mir und habe ein Gefühl von Beklemmung und Angst, aber die genauen

Instruktionen des Gruppenleiters beruhigen mich und auch alle anderen.« Der Träumer kommt sogar in Körperkontakt mit diesen Vogelwesen, was seine sonstige Distanziertheit, seine wissenschaftliche Gewohnheit, die persönliche Beziehung zu objektivieren, seine Angst vor Nähe völlig durchbricht. Das macht ihn beklommen, doch fühlt er sich geschützt von der Kompetenz jenes Gruppenleiters, der sich offenbar mit den Vögeln auskennt. Einzeln betrachtet, handelt es sich bei ihnen, wie er im Traum feststellt, um »winzige, flauschige Wesen« – sind es nicht fast zärtliche Fantasieimpulse? Einzelne größere, schwarze, eine Art von Rabenvögeln – Trauergefühle oder Unglücksfantasien? – sind jedoch auch darunter. Noch immer erscheinen sie dem Träumer als Einzelwesen eher harmlos, doch kann er die Vorstellung, dass sie in größerer Anzahl gefährlich werden könnten, samt der Erinnerung an den Hitchcock-Film »Die Vögel«, nicht abweisen, die Erinnerung an jenen schockierenden Film, in dem die Menschen von den Möwen angegriffen und aufs Gefährlichste verletzt werden. Offenbar soll es nach dieser hautnahen Begegnung mit den Vögeln, die dank der richtigen und ehrfürchtigen Haltung der Menschengruppe gefahrlos verläuft, noch weiter in den Wald gehen, doch bevor dies geschieht, hat der Träumer das Bedürfnis, sich jenen eigenartigen Expeditionsleiter noch genauer anzusehen. Schließlich gilt es ja, sich ihm bei noch weitgehenderen Erfahrungen mit der Urwaldnatur anzuvertrauen. Der Träumer möchte doch gerne wissen, mit wem er es da zu tun hat!

Die Vogelmaske gibt sich ihm jetzt noch differenzierter zu erkennen als auf den ersten Blick: Es ist eine Eulenmaske, an der »gleichzeitig zwei Scheren wie bei einem Krebs angebracht sind«. Die Eule ist einer der Vögel, die mit äußerst scharfen Augen das Dunkel durchdringen, ihre Augen sehen bei Nacht ungleich schärfer als die der

Menschen – einer der Gründe dafür, warum die Eule immer wieder mit der Weisheit in Verbindung gebracht wird, mit der Fähigkeit, sich im Dunkel der Geschicke intuitiv zurechtzufinden. Sie ist ein Vogel der Athena, der griechischen Weisheitsgöttin, aber auch ein Begleittier der Hexen oder der »Erzzauberin« in dem Grimmschen Märchen »Jorinde und Joringel« sowie jener weisen Alten, die man fälschlich für eine Hexe hält, zum Beispiel in dem Grimmschen Märchen »Die Gänsehirtin am Brunnen«. Ein Weisheitsvogel, ein Hexen- und Schamanenvogel ist die Eule, tieferer Weisheit kundig – hinzu kommen die Krebsscheren, die wie ein Geweih wirken. Krebsartiges ist hier mit Eulenartigem verbunden – und beides charakterisiert die Vogelmaske dieses Expeditionsleiters.

Der Krebs ist ein Unterwassertier, das sich gut in einem Element auskennt, in dem sich der Mensch nur bedingt bewegen kann. In übertragener Bedeutung steht das Wasser für das Seelische, die Tiefe, das Unbewusste. Wegen seiner Schale, die sein zartes Inneres vor der Außenwelt schützt, wird der Krebs immer wieder dem Bedeutungszusammenhang Uterus-Embryo zugerechnet. Als dem vierten Zeichen des Tierkreises ist sein Element das Wasser. Im Christentum gilt der Krebs wie die Krabbe als Symbol der Auferstehung, da er sich während seiner Entwicklung häuten kann. Indem bei der Maske gerade die Krebsscheren hervorgehoben sind, das Fanginstrument des Krebses also, könnte dieser Zug darauf hinweisen, dass der Maskenträger auch etwas zu fangen versteht und nicht nur im Element der Luft, sondern auch im Element der Wassertiefe, des Unbewussten und des Seelenraums zu Hause ist.

Diese Expedition führt anhand der Bilder äußerer Natur – des Urwalds und der Vögel – zweifellos in das Reich innerer Natur, in die unbewusste Seelenlandschaft des

Träumers mit ihren Urwäldern und Vogelwesen ein. Unter dem Geleit jenes Expeditionsleiters – ein Bild seiner Übertragung auf den Therapeuten, ein Bild aber auch seines eigenen inneren Schamanen-Animus – wird er auch etwas aus dem Bereich dieses Urwalds einfangen können. Zu gerne würde der Träumer das Gesicht erkennen und kommt noch näher, um ihn noch besser zu sehen. Doch da geschieht es, wie wenn man mit dem Fotoapparat zu nahe an das Objekt herangeht, dass das Gesicht des Schamanen vor den Augen des Träumers verschwimmt. Er erwacht mit Schrecken. Er erlebt den Kontrast zwischen der Anleitung jenes Expeditionsleiters zum äußerst vorsichtig-ehrfürchtigen Umgang mit den Vögeln und wohl auch den weiteren Geheimnissen des Waldes und seinem allzu genauen Wissenwollen dessen, was sich hinter der Schamanenmaske für ein Gesicht verbirgt. Einiges hat er gesehen, etwas vielleicht auch, was ihn erschreckt hat – weil es wiederum fremd, unheimlich war? Oder hat ihn letztlich doch vor allem erschreckt, dass er sich selbst als so zudringlich erlebt, als einen, der jenem geheimnisvollen Führer, sei er in ihm oder außer ihm, vielleicht zu nahe getreten ist? Hier kommt ein Schattenaspekt des Träumers zum Vorschein, der ihn aber sofort selbstkritisch anstößt, gerade an dieser Seite bewusst weiter zu arbeiten, um den Lebensübergang, zu dem er der Begegnung mit dem Urwald und mit dem Schamanen bedarf, nicht zu behindern.

Das mittlere Erwachsenenalter

Ernüchterung

Zugrund gerichtet,
wach ich ruhig auf.
Von Grund auf weiß ich jetzt,
und ich bin unverloren.
Ingeborg Bachmann

Das mittlere Erwachsenenalter, zwischen dem 40. und dem 55. Lebensjahr anzusetzen, das den Übergang sowohl über die Vierziger-Schwelle wie auch den über die Fünfziger-Schwelle enthält, bringt wieder einen deutlichen Aufbruch mit sich, zugleich einen Umbruch. Bedeutet es doch zugleich, mit dem Übergang über die Lebensmitte ein Gespür dafür zu bekommen, dass man nur noch eine der Lebenshälften vor sich hat (Riedel 1998).

Bei der Überschreitung einer jeden der Schwellen, die in einen tieferen Tempelraum führen, wurde in den Tempeln der Megalithzeit, zum Beispiel auf Malta, ein Opfer gebracht, auf jeder der hohen, betonten Schwellen zum Beispiel ein Trankopfer, Speiseopfer oder gar ein Tier. Erst nachdem etwas weggegeben, den Göttern geschenkt worden war, durfte der neue Raum betreten werden. Etwas aus dem Instinktbereich, das mich bisher genährt und getränkt hat, muss geopfert werden, damit ich in den neuen Raum gelangen kann. Dies gilt im psychischen Bereich ebenso wie früher im kultischen und wird beim Übergang über die Schwelle zum vierzigsten Jahr sehr stark spürbar. Es ist dies eine Phase, in der sich im Blick auf den Ich-Komplex und die entsprechende Identität große Veränderungen anbahnen. Bei vielen Frauen, aber auch bei Männern bricht auf einmal mit großer Dramatik die Frage auf, ob sie noch ein Kind haben wollen, überhaupt ein Kind haben wollen.

Gewähren die vierziger Jahre dann in mancherlei Hinsicht auch Erfüllungsstunden, den hohen Mittag des Lebens, so setzt um die fünfziger Jahre herum Ernüchterung ein, da vieles sich wiederholt, sich gleich bleibt, ja ausleiert.

Die tönerne Mutterfigur beatmen

Für die Frau bedeutet der Übergang in die zweite Lebenshälfte: Was bin ich, wenn ich biologisch nicht mehr gebärfähig bin, was heißt Frausein im mittleren und späten Erwachsenenalter überhaupt? Dazu der Traum einer 38-jährigen Frau, die eben im Begriff ist, diesen ihr bevorstehenden Übergang zu erleben:

»Ich sehe eine Tonfigur vor mir, eine beleibte Frauengestalt mit sehr runden Formen. Sie sieht aus wie eine der alten Muttergöttinnen. Ein unbekannter, wenig gepflegter Mann beginnt die Gestalt von allen Seiten anzublasen. Mir erscheint das sehr sonderbar, was er da tut, er schaut ernsthaft auf und sagt dann: ›Sie wird sonst nicht lebendig.‹ Das leuchtet mir ein, ich blase auch, wie wenn man ein Feuer anbläst. Ich erwache daran, dass ich blasend atme« (Kast 1994, 42).

Mit einem Gefühl der Ehrfurcht sei sie aufgewacht, so berichtet die Frau, für die sich die Vierziger-Schwelle ankündigte. Eine völlig neue Frauenfigur, vorerst nur in Ton, taucht vor ihrem inneren Auge auf, eine bisher eher verachtete und gefürchtete Gestalt, die sich aber allmählich, wie sie angesichts des Traumes etwas erschreckt erzählt, auch in ihrer eigenen Körpergestalt abzuzeichnen beginnt.

Sie beginnt beleibt zu werden, so berichtet sie, »mit sehr runden Formen«. Seit Jahrtausenden tendiert die Frau in den reifen Jahren bekanntlich zu dieser Form, und ganz im Unterschied zu unserer Zeit sah man vor Zeiten in der Frau dieses Alters und dieser Fülle eine verehrungswürdige Gestalt, die der Muttergöttin, die ebenfalls mit runden Formen dargestellt wurde, glich und sie repräsentieren konnte. Als solche erscheint von nun an der Träumerin auch diese Tongestalt.

Es kommt aber in dem Traum nicht darauf an, sie religionsgeschichtlich-historisch einzuordnen, sondern sie buchstäblich zum Leben zu erwecken – durch Anblasen, wie es im biblischen Schöpfungsbericht bei der Erweckung des Menschen zu einer lebendigen Seele vor sich geht. Der Archetyp der Muttergöttin, der »Großen Mutter« also, ist in ihr konstelliert, wie sie zögernd und staunend wahrnimmt, als sie diesen Traum durcharbeitet. Wie seltsam, dass es zu diesem Schöpfungsakt des Anhauchs eines Mannes bedarf! Doch ist es in diesem Traum offenbar so, dass es eines »männlich-energischen Anstoßes in ihr selber« bedarf, für den dieser Mann im Traum steht, und zwar von einer Seite her, die sie bisher nicht kannte, denn ein unbekannter und wenig gepflegter Mann ist es ja. Eine Seite, die im Schatten lag – eben die männlich-energische Vorstellung, dass eine reife, füllige Frau attraktiv sein könne –, muss hervortreten und dieses Frauenbild anhauchen, damit es lebendig werden kann. Besonders wichtig scheint mir, dass dieses anhauchende Lebendigmachen der Tonfigur die Träumerin so sehr überzeugt, dass sie sich nun selber daran beteiligt und so stark blasend atmet, dass sie davon erwacht.

Beim Gespräch über den Traum verwunderte sie noch so manche Einzelheit: dass es zum Beispiel um eine Figur aus Ton ging, also aus Erde, erschien ihr eher fremd. Sie selber, die sich mehr als eine Frau des Wortes versteht, arbeitete in ihren schöpferischen Gestaltungen bisher noch nie mit Ton, kennt das Tonen und Töpfern jedoch als Vorliebe einiger ihrer Freundinnen ganz gut. Es kann darum gehen, dass sich das neue Frauenbild, das sich in ihr konstelliert, mehr an der Erde, an dem Tonen und Formen mit den Händen ausdrücken will als in Gedankengängen.

Das bewusste Hauptthema, das sie zur Zeit des Traumes beschäftigt, ist die Frage, ob sie in dieser Phase ihres Lebens noch Mutter werden soll. Bisher hat ihr die Erinnerung an die eigene Mutter, die in ihren Augen zu sehr nur »Muttertier« gewesen war, den Zugang zum eigenen Muttersein verstellt. Die Auseinandersetzung mit der eigenen Mutter hebt auf diesen Traum hin auch im mittleren Alter noch einmal von neuem an. Die gewisse Reserve gegenüber dem Mütterlichen, die diese Träumerin bis dahin immer bestimmt hat, wird von dem Traum kompensiert, indem er ihr »das Mütterliche« in der Gestalt von etwas Ehrfurchtgebietendem, ja einer Göttin zeigt.

Mütterlichkeit

Wie auch immer in diesem kritischen Alter nahe der Vierziger-Schwelle die Entscheidung für oder gegen ein physisches Kind ausfallen mag, diese Lebensphase scheint gebieterisch ein Ja der Frau zu ihrer Mütterlichkeit zu fordern, wenn sie sich nicht selbst verfehlen will. Gerade die kinderlose Frau wird in dieser Lebensphase immer wieder auf ihre Mütterlichkeit hin angesprochen, ja getestet, indem auch andere als leibliche Kinder, nämlich Schüler, Studenten und jüngere Menschen überhaupt immer wieder ihre mütterliche Kompetenz erwarten, fordern und oft dringend brauchen. In diesem Alter macht es keinen Sinn mehr, sich zu zieren, als könne man sich doch nicht auf etwas Mütterliches – respektive Väterliches – hin ansprechen und verpflichten lassen. Die jungen Menschen, ja das Leben selbst erwarten es von uns im Sinne der Übernahme von Verantwortung, des Sorgetragens für die Heranwachsenden, Nachwachsenden, und wenn wir uns dem entziehen, drohen wir selber leer auszugehen und die besondere Erfüllung, die in der »Generativität«, der Sorge für die Nachkommenden besteht, zu verlieren.

Nicht zuletzt ist in dieser Lebensphase Mütterlichkeit beziehungsweise Väterlichkeit gegenüber den eigenen, jungen, jugendlichen inneren Impulsen gefragt, die wir verantwortlich übernehmen, denen gegenüber wir uns betreuend und sorgend verhalten sollten. Neue verantwortliche Aufgaben im Beruf, neue Ideen, zum Beispiel ein Bild, ein Buch, eine wissenschaftliche Arbeit zu schaffen, bedürfen in hohem Maße unserer Treue zu uns selbst und zu diesem inneren Kind, nicht anders, als ein neugeborenes Kind es auch erfordern würde.

So träumt eine Frau von einem Tonkrug, dem antiken Gefäß, in dem auch Schriftrollen aufbewahrt wurden. Sie hat ihn in einer Höhle gefunden und trägt ihn nun mitsamt der wiedergefundenen Schriftrolle, die er enthält, wie ein Baby im Arm – ihr Baby ist das wissenschaftliche Buch, das sie anhand neu gefundener Texte über eine alte Göttinfigur veröffentlichen möchte.

Die Wiederbegegnung mit der Göttin als einer Gestalt aus der religiösen Tradition des Weiblichen und als eine Wiederbegegnung mit weiblichen Wurzeln der Kultur bringt für viele Frauen der jetzigen Generation darüber hinaus eine tiefere Verankerung in der eigenen Identität, in der Würde als Frau, in die man gerade in dem Alter der mittleren Erwachsenen eintritt.

Für viele von uns Frauen fällt in diese Phase des mittleren Erwachsenenalters auch der Beginn der Wechseljahre, der Zeit des Abschiednehmens von der Periode der Empfängnis- und Gebärfähigkeit, meist auch von den erwachsen gewordenen Kindern, Jahre schmerzlicher Ablösung oft, in denen man sich, auch wenn es physisch und medizinisch vielleicht noch möglich wäre, nicht unbedingt noch ein Kind ertrotzen wird, sondern allmählich das innere Kind, ja den Archetyp des »göttlichen Kindes« sich konstellieren spürt, so dass man beginnen kann, der Vergänglichkeit ganz bewusst eine spielerische Kreativität entgegenzusetzen. Es gehört zum Wesen des göttlichen Kindes, dass es nicht umzubringen ist, dass es alle Gefahren überlebt – wie der Jesusknabe den seinetwegen geplanten Kindermord überlebt und durch die kreative Flucht seiner Eltern nach Ägypten gerettet wird. So können diese Jahre auch Jahre des Aufbruchs in eine neue Freiheit hinein werden, wie sie das Leben uns Frauen vielleicht auch zugedacht hat. Diese Jahre können die Chance sein, als ein eigener Mensch mit einer neuen weiblichen Identität zu leben, die sich nicht mehr primär vom Mann und seiner Zustimmung ableitet. Die großen Frauen, die wir in Politik, Wirtschaft, Kunst, Pädagogik und Therapie kennen, entwickelten sich meist in dieser Lebensphase zu den markanten Persönlichkeiten, die sie heute sind.

Neue Fruchtbarkeit aus dem Unbewussten

Zunächst nenne ich aber noch einige Träume, die von der Verwandlung weiblicher Fruchtbarkeit in etwas anderes, als es leibliche Kinder wären, berichten. Der Traum lautet in der eigenen Niederschrift der Träumerin, die mit 53 Jahren am Ende des mittleren Erwachsenenalters steht:

»Ich bin in einem Labor. Eine Frau sieht durchs Mikroskop. Sie untersucht etwas von mir. Dann zeigt sie mir, was sie sieht, und ich sehe durchs Mikroskop auf dem Objektträger Wasser, in dem viele kleine Fische schwimmen. Ich bin erschrocken, weil das ja heißt, dass in mir viele kleine Fische sind. Eine Frau neben mir sagt und zeigt, dass die Fische sooo groß werden! Sie zeigt eine Spanne von etwa einem Meter. Ich bin irritiert. Die beiden anderen Frauen sind ganz gelassen und ruhig, eher stolz über die Größe der Fische.«

Die Irritation, die diese merkwürdige Traumsituation in ihr auslöst, teilt die Träumerin mit: »Beim Aufwachen überlege ich, ob ich krank bin, weil Fische in mir sind. Spüre dann, dass es wichtig ist, gelassen zu bleiben wie eine Frau, die wohlwollend ein Kind in ihr sich entwickeln lässt. Eine Zeit der Schwangerschaft.«

Sie selbst, eine kinderlose Frau, wenn auch pädagogisch-therapeutische Mutter vieler ihr anvertrauter Kinder, spürt in dem Traum eine Analogie zur Schwangerschaft. Auf Gelassenheit und Wohlwollen kommt es bei dieser wie bei jeder Schwangerschaft an, so spürt sie, so liest sie es auch dem Verhalten der beiden untersuchenden Frauen ab. Diese sind selbstverständlich zugleich als innere Anteile von ihr selbst zu verstehen, forschende, untersuchende Anteile, die ihrem bewussten Ich beim Umgang mit diesem Lebensübergang schon etwas voraus sind, die aber von ihr integriert werden, als sie sich deren Einstellung zu dieser Fisch-Schwangerschaft anschließt.

Die eine dieser Frauen beginnt mit der Untersuchung einiger Anteile der Träumerin mittels Mikroskop. Irgendetwas muss ja der Untersuchung wert erschienen sein. Die Frage, ob alles in Ordnung mit ihr sei, muss in der Träumerin – wie zu Beginn von Lebensübergängen üblich – aufgekommen sein. Die Untersuchungsleiterin bezieht das Ich der Träumerin sofort mit ein, indem sie sie mit durchs Mikroskop schauen lässt und ihr zeigt, was sie selbst schon beobachtet hat: einen Tropfen Wasser, in dem viele kleine Fische schwimmen. Dies alles ist zunächst mikroskopisch klein, doch die Reaktion der Träumerin ist eindeutig und erheblich: »Ich bin erschrocken, dass in mir viele kleine Fische sind.« Ihre Irritation wächst noch, als eine weitere Frau neben ihr, die offenbar zum Untersuchungsteam gehört, ihr sagt und demonstriert, wie groß die Fische werden könnten, eine Spanne von einem Meter könnten sie erreichen. Die beiden untersuchenden Frauen lassen geradezu Stolz auf das mögliche Größenwachstum dieser Fische durchblicken, dazu eine Ruhe und Gelassenheit, die schließlich auch die Träumerin überzeugt.

Was aber kann der Fisch, können die Fische, die da symbolisch in ihr wachsen, ausdrücken? Da Fische ihrem Lebenselement, dem Wasser, nahestehen, können sie Boten aus der Tiefe, Verkörperungen seelischer Lebendigkeit sein, von denen jetzt viele in ihr vorhanden sind und denen großes Wachstum bevorsteht. Von ihrer Form her erinnern sie an Spermien, Samenfäden, Zeichen potenzieller Befruchtung also. Bei zahlreichen Völkern ist der Fisch ein Symbol der Fruchtbarkeit und als solches ein weit verbreiteter Talisman. Als eines der ältesten Geheimsymbole für Christus mit Bezug auf die Wassertaufe und auf die getauften Christen kann der Fisch auch ein Symbol spiritueller Fruchtbarkeit sein – dies alles wären sinnvolle Hinweise auf die mögliche Fruchtbarkeit dieser Frau, jenseits der Wechseljahre.

Dieser Traum stand für sie in der Mitte einer Serie von Übergangsträumen, von denen der erste ein Jahr zurücklag, der nächste markante etwa drei Monate später folgte. Ich möchte auch diese beiden Träume hier einbeziehen, um zu verdeutlichen, dass Lebensübergänge oft eine längere Zeitphase beanspruchen und meist auch eine längere Kette von Traumbotschaften hervorrufen, ehe sie ganz vollzogen sind. Es zeigt sich hieran aber auch, dass sie, wenn sie wie die »Wehen« sich erst einmal ankündigen, unaufhaltsam sind.

Das Übersee-Schiff: Im Sog einer größeren Kraft

Die »Wehen« des Lebensübergangs, die die Fünfziger-Schwelle mit sich zu bringen pflegt, setzen für die damals 51-Jährige mit dem folgenden Traum ein, der das Motiv einer «Nachtmeerfahrt« (Jung 1977, 376 f.) enthält. Unter »Nachtmeerfahrt« versteht man unter Berufung auf den Völkerkundler Leo Frobenius die mythologische und archetypische Vorstellung, dass ein »Sonnenheld« in einer Arche oder einem Kästchen übers Meer fährt und schließlich ins Meer oder in ein Meerungeheuer eintaucht, um erneuert daraus hervorzugehen – eine Erfahrung, die symbolisch-psychologisch bei jedem Lebensübergang neu gemacht wird. Es ist die Nachtmeerfahrt einer Frau, die die Träumerin zwar mit ein paar anderen Frauen teilt, dennoch, so sagt sie, fühle sie sich im Erleben dieser Meerfahrt wie allein: »Die anderen Frauen sehe ich nicht, weiß nur, dass welche da sind, fühle mich in dem Boot aber allein.« Die Nachtmeerfahrt läuft laut ihrer Niederschrift dramatisch ab:

»Ich bin auf dem Meer. Es ist total dunkel, hohe Wellen, Sturm. Mit ein paar anderen Frauen sitze ich in einem Rettungsboot. Ich habe mich gerade noch hineinhangeln können. Das Boot hat keine Ruder mehr. Ein anderes Rettungsboot ist untergegangen. Ich habe unheimliche Angst. Wir treiben im Sturm dahin, nirgendwo ist Land zu sehen.

Plötzlich taucht schattenhaft ein großes Überseeschiff auf. Ich überdenke blitzschnell die Situation. Es gibt nur zwei Möglichkeiten: Entweder geraten wir in den Strudel des Schiffes und gehen jetzt unter, oder wir geraten in seinen Sog, werden mitgezogen und kommen dadurch in einen Hafen. Meine Angst steigert sich bis ins Unendliche, und plötzlich merke ich, dass das Boot mitgezogen wird. Irgendwann komme ich an einem Strand an, steige aus dem Boot, laufe den Strand hinauf, steige über eine Mauer und frage einen Mann, wo ich jetzt sei. Er antwortet in fremder Sprache, ich kann ihn nicht verstehen, aber ich bin froh, wieder an Land zu sein.«

Die Träumerin, die das Meer kennt und eigentlich liebt, erlebt sich auf dem offenen Meer, bei Dunkelheit und Sturm in einem Rettungsboot. Der Untergang ihres Schiffes, das ihr eigentliches Transportmittel für den Lebensübergang darstellte, ja vielleicht sogar ihr bisheriges »Lebensschiff« war, muss vorausgegangen sein. In ihrem kleinen Boot, das zudem seine Ruder verloren hat und damit steuerlos geworden ist, treiben sie in dem nächtlichen Sturm dahin, ohne jede Aussicht auf Land. Die Träumerin spricht in dieser Situation von »unheimlicher Angst«. Da taucht in fast aussichtsloser Situation – von der transzendenten Funktion der Psyche gerufen, erschaffen – die unmögliche Möglichkeit auf, zuerst nur schattenhaft wahrnehmbar: ein großes Überseeschiff. Es ist diesem Sturm gewachsen, ein Schiff, das wirklich für eine Reise nach Übersee, für einen großen Lebensübergang, wie er für die Träumerin offensichtlich ansteht, ausgerüstet ist. Wie aber kann sie in ihrem steuerlosen Rettungsboot mit diesem Schiff in Kontakt kommen? Es ist Nacht, eine Möglichkeit, sich bemerkbar zu machen, ist nicht vorhanden. Da überdenkt sie blitzschnell die Situation, die beiden einzigen Möglichkeiten, die sich jetzt auftun: Untergang oder Mitgezogenwerden, beides kann das überlegene Überseeschiff samt seinem Sog mit sich bringen, wie der Wal im Jona-Mythos auch: vielleicht gerade eine Rettung durch das

Hineingeraten in den Sog. In dieser Entscheidungssituation auf Leben und Tod, die die Träumerin wahrnimmt, steigert sich, wie sie schreibt, »meine Angst bis ins Unendliche«, bis sie plötzlich den Umschwung zur Rettung hin erkennt. Das Boot wird tatsächlich mitgezogen und nicht verschlungen.

Irgendwann landet sie an einem Strand, dort bleibt sie aber nicht gelähmt liegen, sondern wird, wie auch Jona nach seinem Ausgespieenwerden auf das Land, nun wirklich aktiv. Zunächst übersteigt sie das erste Hindernis, eine offenbar nicht allzu hohe Mauer, und wagt dann den Kontakt mit einem fremden Mann, der hier auftaucht, um sich zu orientieren, wo sie ist. Doch er antwortet in einer fremden Sprache, die sie nicht versteht. Einfach ist also die Orientierung, die Kontaktaufnahme mit dem Unbekannten nicht – so sagt diese Szene –, doch das dankbare Gefühl, gerettet und an einem neuen Ufer angekommen zu sein, übersteigt in diesem Moment alle Angst vor dem Ungewissen. Der Traum zeigt den ersten Schritt auf neuem Boden an, ein Gerettetsein, ein Überlebthaben. Der nächste Schritt, ein Erkunden und Integrieren des Neuen, liegt noch vor ihr.

Schon damals zeichnete sich in ihrer Lebenssituation und vor allem in ihrer beruflichen Situation etwas Unhaltbares ab, und das bisherige, langjährige Lebensschiff, ihre Mitarbeit an einem Institut, schien im Sinken zu sein, sie wurde buchstäblich ausgebootet. Abgesehen von der tiefen persönlichen Kränkung, die ein solches Ausgebootetwerden für die qualifizierte Mitarbeiterin bedeutete, brachte es sie auch wirtschaftlich in eine bedrohliche Lage. Die Situation erwies sich als lebensbedrohlich und wurde deshalb im Traum von einem Sturm auf dem Meer dargestellt. Nur im Kielwasser eines wirklichen Überseeschiffs, einer neuen, weitreichenden Perspektive, wäre sie zu bewältigen, so sagt der Traum, falls sie nicht von dem Anspruch dieser neuen

Perspektive selber überwältigt und verschlungen werden würde. Ihre weitreichende Perspektive – es war die Idee, sich selbstständig zu machen – trug die Träumerin aus dem Gefühl heraus, damit überfordert zu sein, noch ein Jahr lang unverwirklicht in sich herum, indem sie in einer unbefriedigenden Zwischenanstellung verblieb, die sie mehr demütigte als befreite. Im nächsten Jahr erwies auch diese sich als endgültig nicht mehr länger haltbar, was sich im folgenden Traum der nunmehr 52-jährigen Träumerin niederschlug:

Klärprozesse

»Ich bin in einer Kläranlage und gehe auf den Beckenrändern entlang. Rechts von mir ist das den Klärprozess steuernde Kraftwerk. In jedem Becken gibt es ein großes, nach unten gebogenes Rohr, durch das die neuen Abwässer in die Becken gespült werden. Plötzlich wird ein Rohr abgestellt. Ich denke, dass der Schlammberg unter Wasser wohl zu hoch geworden ist. Ein anderes Rohr wird angestellt. Diese Rohrbeugung endet etwas über dem Wasser auf einer schrägen Steinwand. Man sieht deutlich die Beschädigung, die die Chemikalien über die Zeit in den Stein gefressen haben. Es ist ein schwarzer Fleck. Auf einmal merke ich, dass das Wasser alle Becken überflutet. Ich denke, dass jetzt in der Stadt eine Stoßzeit ist, viel Wasser verbraucht wird. Mir wird es unheimlich, ich befürchte, dass ich ausrutsche und in eines der Klärbecken falle. Meine Füße sind schon überschwemmt, auch könnten die Chemikalien im Klärbecken meine Haut angreifen. Ich gelange vorsichtig wieder auf festen Boden.«

Das Bild der Kläranlage in der ersten Traumszene zeigt, subjektstufig genommen, an, dass die Träumerin ständig mit dem Klären einer verunklarten Situation, mit verunklartem Wasser – seelischer Energien – beschäftigt ist. Sie könnte aber einen furchtbaren »Reinfall« erleben, wenn sie länger in dieser Situation – pausenlos mit der Betrachtung des Klärprozesses beschäftigt – bliebe, es könnte ihr gefährlich ätzend unter die Haut gehen, und es ist länger nicht haltbar, auf den Beckenrändern entlangzugehen und damit Gefahr zu laufen, in die Klärgrube zu stürzen. Die Träumerin darf sich nicht länger – so legt der Traum ihr nahe – mit der Beobachtung eines Klärungsprozesses aufhalten, der offensichtlich, da die verschmutzten Wassermassen überhand nehmen und die Leistungsfähigkeit des Werkes überfordern, nicht mehr zu bewältigen ist. Sie übersteigen die Kapazität der Kläranlage. Jahrelang hat sich die Träumerin mit der Verunklarung, die an ihrem Institut entstanden ist, auseinandergesetzt, hat einen Klärungsprozess vorangetrieben gegenüber einer immer neu alles verdunkelnden Dynamik, einen Klärprozess, in dessen Beobachtung sie sich quasi verbissen hatte, ohne zu merken, wie stark er ihr selbst die seelischen Energien wegzog. Nun sagt ihr der Traum, dass die Schlammflut so hoch gestiegen sei, dass sie endgültig in Gefahr gerate, auszugleiten, hineinzufallen, in ihr zu ertrinken. Auch über das Austragen und Reflektieren von chronischen Konflikten versäumen wir ja unter Umständen kostbare Lebenszeit und die fälligen Lebensübergänge für uns selbst!

Das Traumgeschehen dieser Nacht zeigt ihr jedoch nicht nur die Gefahr auf, in die sie geriete, wenn sie jetzt nicht aus der festgefahrenen Situation wegginge, sich ablöste – was sie schließlich tut und vorsichtig wieder auf festen Boden gelangt –, sondern ein weiterer Traum in der gleichen Nacht weist ihr auch alternative Möglichkeiten auf. Noch in der gleichen Nacht träumt sie:

»Ich komme zu einem kleinen Platz, wo eine Seitenstraße in eine größere Straße mündet. Eine kleine Gruppe von Jugendlichen übt mit einer Frau gerade für das morgen stattfindende Fest einen Tanz ein. Sie fordert mich auf, mitzutanzen. Ich tanze mit. Irgendwie geht es um völkerverbindende Motivationen.

Dann sitze ich mit der Gruppe in einem sehr hohen Raum (wie im Glashaus im Botanischen Garten). Seitlich rechts steht ein sehr großer Baum im Kübel. Ich bestaune den Baum, hätte gern einen Ableger und frage einen jungen Mann, wie ich den Ableger ziehen muss. Er zeigt mir einen Spross mit einem langen, durchsichtigen Ende unten wie aus Gelatine und sagt, dass ich ihn in die Erde stecken müsste. Meine Therapeutin beugt sich über mich, sieht eine Markierung auf dem Gelatineteil und sagt, dass an dieser Stelle Dünger gegeben werden müsse. Ich frage, ob der Steckling auch bis dort in die Erde müsse? Ich dachte, dass er nur etwas hineingesteckt zu werden brauchte. Der Hinweis meiner Therapeutin war sehr wichtig, der Steckling musste so tief in die Erde. Dann sehe ich am Baum nach oben, bin zuerst irritiert, erkenne, dass der eine Baum drei verschiedene Baumarten hat. Ein großer Ast trägt gerade viele kleine Blüten.«

Sie gelangt offenbar durch eine Seitenstraße – nicht auf der bisher gegangenen Straße, die offenbar immer bei der Kläranlage landete – auf einen kleinen Platz. Diese Kreuzung bildet zugleich ein kleines Zentrum: im Traum immer ein Ort, an dem etwas für die Selbstfindung Zentrales geschieht. Hier ist im Kontrast zu der düster einsamen Kläranlagenatmosphäre die Vorbereitung eines Festes in Gang. Jugendliche, also junge Kräfte in ihr selber, üben einen Tanz ein unter Anleitung einer Frau, die auch die neu hinzugekommene Träumerin, das Traum-Ich, auffordert und einlädt, mitzutanzen – was diese auch wirklich tut. »Irgendwie geht es um völkerverbindende Motivationen«, kommentiert die Träumerin diesen Tanz, der in wohltuendem und krassem Gegensatz zu dem Dauerkonflikt zwischen den Parteien des Instituts steht, der sich hinter dem allzu langen Aufenthalt bei der Kläranlage verbarg.

Dreierlei scheint mir an dieser Alternative, die das Traumbild aufzeigt, wichtig zu sein: dass sie sich erstens in einem kleinen Zentrum, wo Menschen und Kräfte sich sammeln und verbinden können, abspielt. Der Ort, an dem ein Traum spielt, bestimmt ja, wie auf der Bühne auch, den Gesamtcharakter der Szene, die jeweils dargestellt wird; bedeutsam ist zweitens, dass sie von Jugendlichen, also jungen und unverbrauchten Kräften in ihr getragen wird (die Träumerin hat selbst als Jugendliche mit viel Begeisterung und Gewinn an einem Jugendchor teilgenommen, eine glückliche Erinnerung, die in dieser Traumszene und Tanzszene wieder aufklingt); und dass sie drittens aufgefordert wird, mitzutanzen und es auch tut. So wird sie aus ihrer Isolation, ihrem Einzelkämpferinnentum herausgelockt und zu einer Gruppe eingeladen, ja zu einem Gruppentanz. Gruppentänze, die meist auf alten festlich-rituellen und spirituellen Traditionen der Völker beruhen, haben etwas besonders Verbindendes der Tanzenden untereinander, der Tanzenden aber auch mit uralten Traditionen, die oft um Übergangsrituale wie Geburt, Hochzeit und Tod kreisen und auch die jahreszeitlichen Übergänge, wie die Sommer- und Wintersonnenwende, die Mondwechel-, die Aussaat- und Erntefeste besonders bedenken. Darüber hinaus verbinden die Tänze auch die Völker untereinander, so wie die Lieder sie verbinden, eine Erfahrung, die die Träumerin bei ihren weltweiten Tourneen mit jenem Jugendchor in den sie prägenden Jugendjahren machen konnte und die ihr unvergessen sind. Also tanzt sie auch hier mit, der Einladung jener Frau – dies alles steht unter weiblicher Regie – gerne folgend.

Ich will hier nur andeuten, auf wie elementare und intensive Weise das Tanzen auch auf die Leiblichkeit, das Körperselbst der Betroffenen wirkt, wie es den Körper wieder bewusst macht und wie er, mitbewegt und mitgetragen von einem ganzen Kreis von Menschen, sich wieder aufgenommen und zugehörig weiß, ein starkes Therapeutikum gegen frühe und späte Erfahrungen von Selbstentfremdung, Ausgestoßensein und Ausgebootetsein, so wie sie auch unsere Träumerin vielfach machen musste.

So verheißungsvoll diese Traumszene auch auf uns wirkt, die Träumerin muss beim Gespräch über den Traum eine Einschränkung machen, dass sie nämlich während des Traumes die Bedeutung dieses Tanzens noch nicht ganz empfunden und gewürdigt habe, dass es ihr eher ein wenig kindlich vorkam, was die Jugendlichen da machten, und auch, dass sie da mitmachte.

So muss denn der Traum noch zu einer weiteren Szene ausholen, um die Träumerin endlich zu überzeugen, dass es wirklich neue Lebensmöglichkeiten – jenseits des Aufenthaltes bei der Kläranlage – für sie gäbe. Sie kommt also mit der Gruppe – der gleichen Gruppe von Jugendlichen wohl – in einen sehr hohen Raum, der einem Glashaus im Botanischen Garten gleicht. Es handelt sich wohl um ein Gewächshaus. Dort erweckt ein sehr großer Baum, der allerdings – noch – in einem Kübel steht, ihre Aufmerksamkeit, ja ihr Staunen, so sehr, dass sie sich einen Ableger dieses Baumes wünscht, um ihn selber großziehen zu können. Ein junger Mann, der wohl zum Gewächshaus gehört, zeigt ihr auf ihre Bitte um Anleitung hin einen Spross mit einem langen durchsichtigen Ende, das sie in die Erde stecken müsse. Zu dem ersten Hinweis des jungen Gärtnerburschen, den sie selbst erbeten hat, kommt in dem Traum noch der präzise Hinweis ihrer Therapeutin, die sich spontan über sie beugt, diesen Steckling richtig zu düngen und ihn bis zu einer Markierung hin tief in die Erde zu stecken. Von sich aus hätte sie ihn wohl, so meint sie selbstkritisch im Gespräch, »nur etwas hineingesteckt«. Hier wird deutlich, dass sie überzeugt davon ist, zur gedeihlichen Einpflanzung des Setzlings – so viel ihr daran liegt – doch auch noch der Anleitung von Fachleuten zu bedürfen. Sie sieht sich selbst in Gefahr, den Steckling nicht tief genug einzupflanzen. Hat sie Erfahrungen mit sich selbst gemacht, dass sie bei solchen Versuchen nicht intensiv genug vorging? Die präzise Beratung, die sie dazu einholt, spricht jedoch gerade für ihre jetzige Umsicht im Umgang mit der zarten Pflanze.

Erst nach dieser Orientierung, die sie über den pfleglichen Umgang mit dem Setzling eingeholt hat, den sie so gerne selber großziehen will, nimmt sie den entsprechenden Baum noch genauer in Augenschein, führt ihren Blick an ihm entlang nach oben bis in seine Krone. Zuerst ist sie irritiert über das, was sie da wahrnimmt, vor allem an einem großen Ast, der gerade dreierlei Blüten trägt. Sie nimmt wahr, dass dieser eine Baum drei verschiedene Baumarten in sich vereinigt. Sie ist zuerst irritiert, als sie das sieht. Bedeutet es etwa, dass es diesen Baum gar nicht gibt, dass er gar nicht lebensfähig, ein illusionärer Baum ist? Übernimmt er sich nicht mit dieser dreifachen Anlage? Oder bedeutet es, dass er ein gegensatzvereinender Baum ist, der sogar dreierlei Art »unter einen Hut« zu bringen vermag? Erlebt sich die Träumerin selber als von dreierlei Art, und wäre dann dieser Baum ein Symbol für die Möglichkeit, diese Unterschiede miteinander zu verbinden, ineinander zu integrieren? Der Baum ist ja häufig ein Symbol für uns selbst, wenn er im Traum erscheint, für unser eigenes Wachstum, für unsere Möglichkeiten und Schwierigkeiten. Wenn die Träumerin womöglich drei unterschiedliche Anlagen in sich verspürt, dann ist es kein Wunder, dass ihr so sehr viel daran liegt, einen Ableger dieses Baumes zu bekommen und ihn selber fachgerecht großzuziehen. Muss ihr doch alles daran liegen, diese dreifache Anlage irgendwie in sich zu verbinden. Vielleicht kann sie ihren Setzling, wenn er sich gut entwickelt, dann sogar der freien Natur aussetzen – damit er nicht wie der im Traum erschienene Baum nur im Kübel und unter Gewächshausbedingungen groß werden kann. Wird es vielleicht Zeit, so könnte man weiter fantasieren und imaginieren, diesen groß gewordenen Baum selber aus dem Gewächshaus ins Freie umzupflanzen? Auch dieser große Baum muss doch, subjektstufig betrachtet, etwas groß und schön Gewachsenes und Gegensatzvereinendes in ihrer eigenen Innenwelt sein! Sind die Gewächshausbedingungen, unter denen er heranwachsen konnte, vielleicht mit denjenigen einer mehrjährigen Therapie zu vergleichen, die guten Schutz und Anreiz für Wachstum bot, ein Wachstum, das aber jetzt, wie der Wunsch nach Selberpflanzen zeigt, wieder in die eigene gärtnerische Regie genommen werden könnte? Könnte dieser Traum nicht auch anzeigen, dass die Zeit reif ist für diesen Schritt, der ja auch einen Lebensübergang bedeutet?

Eine Neuentwicklung wird in dieser Phase möglich, wann und wo immer der Ich-Komplex sich so weit emanzipiert, wie er es in dieser Phase könnte und sollte. Auch Konflikte mit der beruflichen und persönlichen Umwelt könnten uns in dieser Phase dann nicht mehr einfach aus der Bahn werfen, sondern sie würden als selbstverständliche Begleiterscheinungen des Daseins hingenommen und geradezu erwartet. Im Umgang mit Konflikten sind wir in der Phase des mittleren Erwachsenenalters geübter als zuvor, haben persönliche Strategien entwickelt und wissen einigermaßen um die Natur des Menschen und damit auch um die eigene, um die immer wieder vorkommende Aggression, den Neid, die Vorurteile gegeneinander. Haben wir aber die eigene Schattenhaftigkeit erst einmal erkannt, so können wir nun realistischer mit ihr umgehen und müssen auch wegen der Schattenhaftigkeit anderer nicht mehr alle und alles um uns herum entwerten – und eben auch uns selber nicht. Dies ist die Chance dieser Phase des mittleren Erwachsenenalters. Unsere grundlegenden Komplexe werden natürlich auch in dieser Phase noch spürbar sein, für uns selbst und für die anderen, als die Probleme, die uns charakterisieren, aber auch auszeichnen, die uns aber von nun an nicht mehr total bestimmen müssen. »Den einen Fehler immer wieder machen, den Fehler, mit dem man ausgezeichnet ist«, so beschreibt Ingeborg Bachmann dieses ebenso beunruhigende wie letztlich doch auch beruhigende Phänomen.

Dieser Phase des relativ autonom gewordenen Ich-Komplexes entspricht es auch, dass wir in neuer Weise Verantwortung für das eigene Leben übernehmen und sie noch weniger delegieren als früher. Bei uns Frauen müssen jetzt nicht mehr einfach unsere Mütter, Väter oder unsere Männer, auch nicht unsere Freundin an etwas schuld sein, was uns widerfahren ist, sondern wir beginnen zu akzeptieren, dass es primär an uns selber liegt, wie wir unser Leben in die Hand nehmen. Nun akzeptieren wir, voll erwachsen zu sein, nicht mehr die abhängigen Kinder. Wir sind diese Kinder von damals nicht mehr! Jetzt können wir fragen, was für uns persönlich in diesem Leben wesentlich ist, auch angesichts der offensichtlich nicht unbegrenzten Lebenszeit, die wir noch haben. Ganz bewusst können wir versuchen, angesichts der spürbaren Vergänglichkeit kreativ zu leben, Kreativität im Sinne einer Realisation unser selbst, auch im Blick auf die Gestaltung der Welt um uns herum.

Der Archetyp des göttlichen Kindes kann – wie gesagt – für uns wichtig werden als ein Bild für diese kreative Entwicklungsmöglichkeit, für unser »inneres Kind«. Frauen träumen in diesem Alter sowohl vom Kind als auch von der »Alten Weisen«.

Das magisch geschützte innere Kind

Eine Flüchtlingsfrau aus dem Osten träumte, ein Kind, das sie als ihr eigenes empfand, liege in der Mitte eines großen Raumes und sei mit einem Schutzkleid angetan. Die Schleppe des Schutzkleides weise auf einen Haufen Schutt hin. Als sie den Schutt untersucht, erkennt sie, dass ein toter Soldat darin liegt, der eine Uniform ähnlich einer alten Ritterrüstung trägt. Doch während sie ihn und den Schutthügel untersucht, erhebt sich plötzlich ein großer, bunter Vogel daraus und fliegt frei in die Luft.

Der Frau fällt sofort der Vogel Phönix dazu ein, der sich, wie die Sage sagt, immer wieder aus der Asche erhebt. Das Wichtigste ist für sie, die in einem der osteuropäischen Bürgerkriege ihre Heimat verloren hat, dass sie sich jetzt, in einem Alter, in dem sie nicht mehr gebären kann, als Mutter eines Kindes sieht, das im Zentrum ihres Lebensraumes liegt. Dieses Kind nun, es kann nur ein inneres Kind sein, trägt ein magisches Schutzkleid, das es vor den Wechselfällen des äußeren Schicksals bewahrt. Es ist ihm ganz eigen und wird ihm nicht verloren gehen. Dieses Schutzkleid ist zugleich verbunden mit einem merkwürdigen Schutthaufen. Sie kann trotz des Kindes und wegen des Kindes nicht übersehen, was es in ihrem Leben an Zerstörung gegeben hat. In diesem Schutthaufen aber ruht ein Soldat, der sie durch seine Uniform und Ausrüstung irgendwie an einen Ritter erinnert. Dieser Schutthaufen hat ihn begraben, ist sein Grab geworden. Unter dem Schutthaufen versteht die Träumerin alles das, was sie auf ihrer Flucht zurücklassen musste und was ihr durch ihre Lebensumstände zerstört worden ist. Zu dem, was da gestorben ist, gehört auch ihre eigene soldatisch-ritterliche Einstellung, die Einstellung der Kämpferin in ihr selber, die bisher alles tapfer durchstehen zu müssen glaubte. Diese Einstellung ist gestorben, so sagt der Traum, und gibt stattdessen einer Wandlungsfähigkeit in Gestalt eines Vogels Raum, der sich aus dem Schutt und der Asche ihrer bisherigen Identität erhebt. Sie selbst empfindet ihn wie einen Vogel Phönix, der durch Tod und Zerstörung hindurch immer wieder zu neuem Leben erwacht. Dieser Traum ist ein starkes Bild für das, was die Lebensphase des mittleren Erwachsenenalters hervorbringt: das Ende des idealistischen Ritterseins, um dafür ein neues schöpferisches Kindsein einzutauschen, das in magischem Schutzkleid ins Zentrum des Lebens tritt und das sich wandeln und entwickeln kann.

Jesus als Delfin

Für eine andere Frau, derzeit 41, in der kirchlichen Erwachsenenbildung tätig, ändert sich der Bezug zum »Proprium«, dem Eigentlichen dieser Arbeit, das ihr die Kirche immer wieder vorschreiben wollte, nach einem befreienden Traum, der ihr wie eine Schwellenüberschreitung in ihrer religiösen Entwicklung erschien und ihr von da an große Eigenständigkeit und Authentizität in ihrer Berufsausübung verlieh.

»Ich sehe im Traum einen jungen Mann in der abenteuerlichen Kleidung derer, die auf ihrer spirituellen Suche bis nach Indien reisen, und weiß auf einmal, dass es sich um Jesus selber handelt. Dieser junge Mann nun wird verhaftet und soll sich vor dem Landeskirchenamt verantworten, das seine religiöse Einstellung prüfen will. Er wird in einem vergitterten Wagen eine Anhöhe hinan in Richtung Landeskirchenamt gefahren. Dabei führt die Straße an einem Steilufer entlang, von dem aus man in der Tiefe den Fluss heraufblitzen sieht. Auf einmal biegt der junge Mann, also Jesus, mit einem einzigen Griff das Gitter des Wagens auseinander und springt in einem herrlichen, kühnen Satz von dort aus hinab in den Fluss. Noch im Fluge verwandelt er sich in einen silberglänzenden Delfin, der in den Fluten verschwindet.«

Der junge Mann, also Jesus, verwandelt sich in einen Delfin und ist dem Verhör durch das Landeskirchenamt gänzlich entzogen! Die Träumerin ist ergriffen und wie befreit durch diesen Schluss des Traumes. Es macht sie jedoch sehr nachdenklich, dass der Traum ihr erläutert, dass sich in diesem wie vielleicht in jedem der jungen Leute, die sich auf spirituelle Suche begeben und denen sie in ihrer Erwachsenenbildungsarbeit eine geistige Heimat zu geben versuchte, etwas von Jesus selbst verbirgt. Dies ist für die theologischkirchliche Kontrolle unerreichbar, so sagt dieser Traum und gibt damit der Träumerin eine tiefe Gewissheit, dass sie mit ihrem persönlichen Weg, die Bildungsprogramme zu gestalten, auf der richtigen Spur ist.

Subjektstufig verstanden ist diese Jesusgestalt, die sich in den Delfin verwandelt, natürlich zugleich ihr eigenes inneres Christusbild, der Christus in ihr. Seine Verwandlung in den Delfin – übrigens ein uraltes geheimes Christussymbol seit der Katakombenzeit – bedeutet für sie auch, dass Jesus eine Zeitlang in die Tiefen des Unbewussten eintauchen, zum Delfin, zum weisesten aller Meeresgeschöpfe werden müsse, um als Seelenführer durch die Bereiche der Seelentiefe den Menschen wieder zu begegnen, die bis in diese Tiefen vorstoßen. Auch für sie bedeutete es, eine Zeit lang den Mut zu haben, ihr Christusbild bewusst theologisch nicht bestimmen zu können, um es dafür in einer Tiefe als lebendig zu erfahren, die ihr bis dahin unbekannt geblieben war. Dieser Traum leitete einen Lebensübergang für sie ein, in dem sie der seelischen Erfahrung den Vorrang vor jedem dogmatischen Wissen und Glauben gab, wobei sich ihr berufliches Wirken immer stärker auf Seelsorge verlagerte und weniger auf »Verkündigung«.

In der Wüste baut man keine Häuser

Im mittleren Erwachsenenalter, von der Vierziger-Schwelle an, erhebt sich zugleich die Aufgabe, das Leben als »abschiedliche Existenz« (Weischedel) zu begreifen und es doch zugleich immer mehr als bezogene Existenz zu leben und aufzubauen. Hierher gehört der Traum eines 38-jährigen Mannes, der zur Zeit von dem Bau seines ersten Hauses gänzlich erfüllt und davon beansprucht ist. Fast scheint es zu dieser Zeit für ihn gar nichts anderes mehr zu geben als die Sorge um dieses Haus. Da bricht ein Traum überraschend und aufschreckend ein:

»Ich bin in der Wüste, auf einem Kamel. Mit mir sind einige Beduinen. Die Karawane geht sehr gemächlich vorwärts. Immer wieder treffen wir Menschen, mit denen wir Waren austauschen an Orten, wo eigentlich gar keine Zelte zu sehen sind. Wir lagern. Es ist sehr primitiv und vorläufig. Ich beschwere mich darüber, sage, es könnte doch ein Sandsturm kommen, dann wären wir ungeschützt. Ein älterer Beduine sagt zu mir: ›In der Wüste baut man keine Häuser, man geht immer weiter« (Kast 1986, 82).

Sowohl ein Gefühl der Befremdung wie auch eines der Stimmigkeit kämpften in dem Träumer miteinander, als er diesen Traum erzählte. Es schien ihm befremdlich, sich selber in der Wüste und als Teil einer Karawane vorzufinden, zu der er wohl gehörte, aber deren Aufgabe er gar nicht kannte. Und eine Aufgabe musste ein Mensch nach seiner Auffassung doch haben! Andererseits empfand er, dass diese Lebensform des Immer-weiter-ziehen-Müssens irgendwie der Wirklichkeit entspreche, so sehr das im Moment mit seiner Überzeugung, ein Haus bauen zu wollen und zu müssen, im Widerspruch stand. Was wollte nur dieser Traum von ihm, gerade jetzt, wo er sich entschlossen hatte, sesshaft zu werden, was für ihn auch bedeutete, sich für einen bestimmten Lebensstil zu entscheiden und als sichtbares Zeichen dafür ein Haus zu bauen. Diesseits der Vierziger-Schwelle ist es ja kaum möglich, ein Haus zu erbauen, da man dafür auch die nötigen Ersparnisse und die nötige berufliche Position haben muss. Auch bedarf es der gerade in den dreißiger Jahren dringend geforderten Verbindlichkeit, des Mutes, sich auf etwas Festes einzulassen, ehe man es wagt, ein Haus zu bauen. Und nun diese Verunsicherung! Doch träumte er diesen Traum offenbar gerade deshalb, weil er sich mit seiner Konzentration auf den Hausbau und allen seinen Fantasien um dieses Haus herum doch allzu sehr auf dieses zu fixieren drohte. Der Traum meint sicher nicht, dass er dieses Haus nicht bauen solle. Er weist ihn nur darauf hin, dass er damit in Gefahr gerät, sich einer größeren Lebensbewegung und einem größeren Horizont gegenüber »einzuengen«.

Dieser Traum hat wie viele Träume eine kompensatorische Funktion und Tendenz, indem er dem Träumer nahebringen will, dass wir Menschen zugleich eine nomadische Existenz zu leben haben, dass uns kein Haus davor bewahren kann, weiterzuziehen, uns weiterentwickeln zu müssen, Wandel und Wechsel von Beziehungen bestehen zu sollen. Dass unser Leben »abschiedlich« gelebt werden muss und kein sicherer Rückzugsort uns davor zu bewahren vermag, das lehrt dieses Bild von der Wüstenwanderung, wo man seine mobile Habe mitnimmt, Tier und Zelt mit einem gemeinsam unterwegs sind: »Die nomadische Lebensform ist eine Lebensform, die der Vergänglichkeit voll Rechnung trägt und sich selbst in diesen Rhythmus von Vergänglichkeit und neuem Werden einschwingt. Im Nomaden ist aber auch das Bild des Immer-weiter-Gehens ausgedrückt, ein Bild, das zu unserem Leben, das den Tod und die Zeit kennt, passt: Wir können nie eigentlich stehenbleiben« (Kast 1986, 86).

Schutzvorrichtungen gegen die Vergänglichkeit

Im mittleren Erwachsenenalter bricht endgültig das Bewusstsein der Zeitlichkeit, ja der Sterblichkeit auf. Gegen Ende dieser Phase zeigt sich diese Perspektive verschärft im Traum eines 52-jährigen Mannes:

»Ich bin in einer kleineren Stadt in der Wüste, die architektonisch wunderhübsch gebaut ist, auch sehr schön angelegt. Ich bekomme den Auftrag, diese Stadt davor zu schützen, dass die Wüste sie wieder zudeckt. Mir liegt diese Stadt sehr am Herzen, ich sehe aber auch die Sanddünen vor der Stadt und spüre, dass es eine schwierige Aufgabe sein wird, die Stadt zu schützen. Ich weiß auch nicht recht, wie ich das anstellen könnte. Mir fallen die Lawinen-Verbauungen ein. Ich entschließe mich, Lawinen-Verbauungen machen zu lassen und an deren Rückseite Wasserleitungen zu ziehen, um viele Bäume zu pflanzen. Ich suche Menschen, die mir helfen. Aber niemand sieht ein, dass meine Idee gut ist. Ich werde missmutig, bin aber entschlossen, die Lawinen-Verbauung zu errichten« (Kast 1986, 56).

Kurz zuvor hatte der Träumer ein Oasen-Städtchen ähnlicher Art kennen gelernt und sich stark davon beeindrucken lassen, wie wichtig der Kampf gegen den Sand dort ist. Die Bedrohung durch die Vergänglichkeit des Lebens ist in diesem Alter bewusster, bedrängender geworden, wie die erste Reaktion des Träumers auf diesen Traum zeigt: »Es kommt in der Wüste darauf an, dass man dem Angriff des Windes standhält, dass der Wind nicht einfach mit einem macht, was er will.« Der Traum zeigt, dass der Träumer zwar die Gefahr, die mit dem Vordringen der Wüste verbunden ist, ernst nimmt, dass er sich aber doch auch zu wehren lernt gegen die Resignation und das Ohnmachtsgefühl gegenüber dem stetigen Überhandnehmen der Wüste, angesichts dessen die Mitbetroffenen – auch dies sind Anteile von ihm selber – offenbar nicht recht bereit sind, Hoffnungsperspektiven und rettende Ideen mitzutragen. Deshalb muss auch der Träumer gegen den aufkommenden Missmut im Traum kräftig ankämpfen, was er aber auch tut. Die schön angelegte Stadt mag für sein eigenes, kultiviertes Stück Leben stehen, das er, Künstler von Beruf, sich tatsächlich aufgebaut und ausgebaut hat. Er spürt in diesem Traum, dass es ihm etwas wert ist und er es bewahren möchte vor den Naturgewalten, letztlich vor der Vergänglichkeit menschlichen Lebens. Da besinnt er sich auf eine Möglichkeit, Kulturland und Siedlungen zu schützen, die sich in seiner schweizerischen Heimat bewährt hat, auch angesichts einer immer überlegenen und oft überwältigenden Natur, nämlich Lawinen-Verbauungen anlegen zu lassen. Auch wenn es letztlich keinen Schutz gibt gegen den Tod, so bleibt es doch sinnvoll, das Leben und das Gestaltete zu schützen, so lange es geht.

Was bedeutet der Traum speziell in der Lebenssituation

dieses Künstlers? Er entdeckt hier, im Bilde der auch architektonisch schön gestalteten Stadt, noch einmal neu, dass er in seinem Lebenswerk bereits sehr Schönes geschaffen hat und es ihm auch wert ist, geschützt zu werden. Damit kompensiert der Traum eine längere Phase der Entmutigung bei ihm, in der ihm angesichts der Zeitbedingtheit und der Vergänglichkeit aller Dinge sein Werk selber wie entwertet vorgekommen war, bedroht von dem vordringenden Sand der Vergänglichkeit, der alles zudeckt. Der Traum fordert ihn heraus und zeigt ihm auch seine Ressourcen und Einfalle: das schöpferisch Jugendliche in ihm, das er dem Verschüttetwerden entgegensetzen kann. Im Schutze der Lawinen-Verbauungen gedenkt er, Wasserleitungen anzulegen und Bäume zu pflanzen, nicht nur die alte Stadt also, sondern auch das neu angelegte Leben zu behüten, dazu den Energiezustrom, das Wasser also, zu sichern und dafür zu sorgen, dass alles in Fluss bleibt. Dies ist eine typische Einsicht des mittleren Erwachsenenalters, wie sie bei Überschreitung der Fünfziger-Schwelle gemacht werden kann, aber auch gemacht werden muss, wenn das wachsende Bewusstsein von der Vergänglichkeit des Lebens, unseres Werkes, ja unsere Sterblichkeit uns nicht in bloße Ohnmachtsgefühle und Resignation stürzen soll. Es ist der Mut des »ernüchterten Menschen« (Guardini 1986, 50), das im Leben Gestaltete zu bewahren und vor der Vergänglichkeit zu schützen, auch wenn sie es eines Tages einholen wird.

Zu spät fürs Spielzeugpferd

Wer Ende fünfzig nach einer zweiten Eheschließung aus der bisherigen Lebenssituation, aus der Stadt der bisherigen Ehe wegziehen möchte, muss darauf achten, dass er in dieser Umbruchszeit nicht unversehens in noch ältere Bindungen zurückfällt, was uns bei jeder Stress-Situation geschehen kann. Ein Mann in dieser Situation träumt:

»Ich sitze auf einem Spielzeugpferd und reite, vielmehr fahre auf ihm, das wie automatisch aufgezogen ist, durch U., meine Vaterstadt. Die Leute wundern sich, dass ein erwachsener Mann sich auf diese Weise vorwärts bewegt, aber es macht ihnen wie mir auch Spaß. Auf einmal merke ich, dass ich auf den zentralen Friedhof gerate. Ich springe von dem Spielzeugpferd ab und habe das Gefühl, noch eben einer großen Gefahr entronnen zu sein.«

Der Träumer findet sich im Traum zurückversetzt in seine Kindheit, verbunden mit einem damaligen Lieblingsspielzeug, das allerdings noch ein schlichtes Steckenpferd war. Es macht ihm Freude, wenn sich auch die Leute, seine Erwachsenenanteile, verwundern, wie er, ein Mann Ende fünfzig, auf einem Spielzeugpferd durch die Stadt reiten kann. Eine Unstimmigkeit wird unübersehbar, auch wenn deutlich wird, woher sie kommt: aus Heimweh nach seiner Vaterstadt, nach seiner Kindheit und ihrem Übergangsobjekt, dem Spielzeugpferd, das ihm in der Wirklichkeit allzu früh entrissen wurde durch den Bombenkrieg, der das Elternhaus zerstörte, und in einer Zeit, in der er auch den Vater verlor. Allzu früh musste er Verantwortung übernehmen, auch für die Mutter als deren Einziger, allzu früh wurde er aus der Kindheitsgeborgenheit gejagt. Wie alle zu früh aus der Kindheit Vertriebenen behielt er ein starkes Heimweh nach dem Kindheitsparadies und ein Trauma im Blick auf Verluste und Abschiede, tut sich besonders schwer damit. Indem er sich nostalgisch angezogen und auch regredierend auf sein Kindheitspferd setzt, gerät er unvermutet in den Bereich des Friedhofs, zu Vater und Mutter als längst Verstorbenen – und spürt nun plötzlich eine große Gefahr, dass er nämlich in deren Bannkreis gelangt, möglicherweise in eine tiefe Regression, und er springt nun endlich von dem Spielzeugpferd ab. Er vermag es gerade noch, der Gefahr zu entgehen, die ihm gedroht hätte, wenn er eben jetzt, beim Einzug in seine neue Ehe, beim Umzug um seiner neuen Familie willen unbewusst in die Kindheitssituation mit ihren Vater- und Mutter-Komplexen geraten wäre. Die Ehebeziehung wäre unter deren Bann geraten, in den Bann von etwas Vergangenem, Totem, wie der Traum deutlich sagt. Soll er mit seiner neuen Frau und Familie nun ausgerechnet nach U. ziehen? Besser nicht, sagt der Traum, es sei denn, er vermöge das jetzige U. von dem damaligen streng zu unterscheiden und sich angesichts der neuen Übergangssituation erneut von seinen Eltern-Komplexen abzulösen.

Das Kreuz zum Fliegen bringen

Die Übergänge zum vierzigsten und zum fünfzigsten Jahr sind Phasen, in denen sich im Blick auf die eigene Identität große Veränderungen anbahnen. Hatten wir eben noch das Erlebnis, in den »besten Jahren« zu sein, so drängt sich doch zugleich die Ahnung auf, dass nun womöglich keine besseren mehr nachfolgen werden. Aus der Erfahrung der Lebensfülle heraus, die in dieser Zeit gewonnen werden kann, kündigt sich zugleich die Lebenswende an.

Eine Frau Anfang fünfzig träumt, sie stehe vor einem langen, schweren Kreuz, das zu einem Flughafen gebracht werden soll.

Dieser Traum macht sie sehr betroffen. Herrschte bis jetzt für sie noch das Lebensgefühl des Auf-der-Höhe-Seins, so beginnt nun doch das Wissen von dem »Kreuz« des Lebens, von seiner Last – konkret in ihrem alternden

Mann und der gebrechlicher werdenden Mutter –, und klingt zunächst wie eine Hintergrundmusik ihres nach wie vor sehr reich erfüllten Lebens auf. Noch ist sie entschlossen, auch dieses Kreuz zum Flughafen zu bringen. Das heißt doch, dass sie damit rechnet, es auch in ein Flugzeug und damit in die Höhe bringen zu können und der Schwerkraft, mit der es sie niederzieht, noch einmal zu entgehen. Aber das Schleppen des Kreuzes wird mühsamer, kostet viel Kraft, selbst der Flughafen ist nicht mehr so leicht zu erreichen. Wird man das schwere Kreuz in der Luft befördern wollen? Noch rechnet sie offenbar damit, sich über die Situation erheben zu können, wie dies die Flugträume ausdrücken, doch kündigt sich ein Lebensübergang an, in dem dies nicht mehr durchgehend gelingen kann.

Auf der anderen Seite verspürt man in den mittleren Jahren von Fall zu Fall immer wieder ein Gefühl besonderer Lebensfülle. Es besteht auch darin, dass man vieles ins Leben gerufen hat, was einen jetzt benötigt und braucht, was einem damit auch Lebensberechtigung gibt, wie es die eigenen Kinder, die Schüler, die Patienten, die Beziehungspartner, aber auch die Berufsverpflichtungen, die Projekte und selbst die Ideen tun, die man in die Welt gesetzt hat. Im Allgemeinen leisten wir in keinem Alter so viel für unsere Kontaktpersonen, für die Familie, für das berufliche Umfeld, die Gesellschaft als Ganze wie jetzt. Das Neue ist, dass solcher Einsatz in dieser Lebensphase als ganz normal gilt, erwartet und nicht mehr speziell vermerkt wird. Was wir tun, muss deshalb in sich selbst befriedigend und stimmig sein, sonst könnte uns das Ausbleiben narzisstischer Gratifikationen, die wir als junge Menschen für die gleiche Leistung noch bekommen haben, empfindlich betreffen. Unter solchen Belastungen kann der Ich-Komplex mancher Menschen, von Entwertung bedroht, seine Kohärenz verlieren: Der betreffende Mensch bekommt dann heftige Angst und das beklemmende Gefühl, sich zu verlieren, auseinanderzufallen.

Unseren Selbstwert können wir in dieser Phase nicht mehr dadurch aufbessern, dass wir uns wie früher vornehmen, alles, was wir noch nicht gelebt, erbracht, geleistet haben, doch irgendwann noch ins Leben einzubringen. Entweder sind die Wunschträume früherer Jahre nun erfüllt, wenigstens teilweise, oder es wird schwierig sein, sie noch zu verwirklichen. Sind sie erfüllt, so entsprachen sie unseren Möglichkeiten; sind sie gänzlich unerfüllt, so lässt sich der Gedanke nun kaum mehr abweisen, dass sie Größenideen waren. Wir spüren plötzlich, dass nicht mehr grenzenlos viel Lebenszeit vorhanden ist. Gewiss lässt sich einiges gerade jetzt noch einlösen: Nachdem die erwachsenen Kinder aus dem Hause sind, kehren viele Frauen in diesem Alter in ihren früheren Beruf zurück oder beginnen noch einmal mit einer Ausbildung für einen neuen Beruf, der ihnen besser entspricht. Männer schulen unter dem Druck der kritischen Beschäftigungslage um oder gehen unfreiwillig in Frühpension. Doch wir spüren bei allen neu gewählten Aufgaben oder gar Ausbildungen: Es wird nun auch hohe Zeit dafür, für manches höchste Zeit.

Manche deutsche Ausbildungsinstitute für den Beruf des Psychotherapeuten, einem Beruf, zu dem große Lebenserfahrung gehört, weigern sich, Kandidatinnen und Kandidaten jenseits der Vierzig noch in die Ausbildung aufzunehmen, weil die Ausbildung durchschnittlich fünf Jahre dauert, was der Zeit für die mögliche Ausübung des Berufs dann nicht mehr ganz zu entsprechen scheint. Andererseits ist die Zeit des mittleren Erwachsenenalters eine gute Phase für die Zuwendung zu einem therapeutischen Beruf. Eine 43-jährige Frau, die sich soeben zu einer Ausbildung solcher Art entschlossen hat, träumt, sie sei schwanger, wenn auch fast etwas zu alt dazu.

Auf der anderen Seite pflegen sich nun im Beruf und in Beziehungen, wenn sie diese Phase überdauern, immer mehr Situationen zu wiederholen. Damit wächst zwar die Erfahrung, aber es stellt sich auch ein leiser Überdruss ein, so wie es der Sisyphos-Mythos bildhaft darstellt, der in diesem Sinne als ein Mythos der Vierzigjährigen und der noch Älteren zu betrachten ist (Kast 1986, 93 ff.). Mit vierzig Jahren beginnt diese Phase ja eben erst, sie mündet jenseits der Fünfzig in eine zweite Strecke ein, die stark von Desillusionierung geprägt ist. Romano Guardini bezeichnet den Menschen dieser Altersstufe als den »ernüchterten Menschen« (Guardini 1986, 50).

Andererseits übt der Mythos von »Inannas Unterweltsfahrt« (Perera 1985, 11–13) auf Frauen dieser Altersstufe eine große Faszination aus, der Mythos von der strahlenden Göttin der Oberwelt, Inanna, die in der Fülle des Lebens, der Macht und der Liebe steht und plötzlich den Ruf der Unterwelt, dem Reich des Leidens und des Todes hört, verkörpert in ihrer Schwester Ereshkigal. Sie spürt, dass die Wirklichkeit nicht ganz ist ohne diese dunklen Erfahrungen, und steigt Schritt für Schritt, von Tor zu Tor hinab, um ihrer Schwester zu begegnen und Leid und Tod am eigenen Leib zu erfahren. Nur durch diese Erfahrungen hindurch, nicht an ihnen vorbei will und wird sie wieder auferweckt werden und ein neues Leben gewinnen. Viele Frauen, auch Männer, hören in der Mitte des Lebens diesen Ruf der Unterwelt, können und wollen sich ihm nicht länger entziehen.

Luftholen müssen – ein neuer Stil?

Auch das Erlebnis des Langsamerwerdens gehört zum Älterwerden, vor allem was die bisher möglichen Spitzenleistungen angeht. Ein Sänger, derzeit in den mittleren Jahren, träumt, dass er, um rechtzeitig zu einem Auftritt zu kommen, allzu rasch die Treppe hinauf hastet. Nun geht ihm bei den ersten Takten seines Liedes buchstäblich die Luft aus. Im Traum hört er das Publikum murmeln und fragen, ob es sich bei ihm wohl um einen neuen Stil handle.

Soll er dies als Ironie oder als ernsthafte Frage hören? Beim Erwachen merkt er, dass er den alten Lebensstil, von Termin zu Termin zu hetzen, nicht mehr einhalten kann, es würde ihm als Person und würde auch seiner Kunst von nun an ernstlich schaden.

Den Duft des Jetzt genießen

Die Grenzerfahrung des Älterwerdens kann nun aber auch dazu führen, paradoxerweise fast, dass wir endlich genießen lernen, und zwar das, was ist und was wir nun nicht mehr einem möglichen anderen vorziehen, auf das wir vielleicht schon endlos gewartet haben. In ähnlicher Weise lernen wir zu akzeptieren, gewöhnliche Menschen zu sein. Diese Phase kann dazu führen, dass wir schließlich auch mit dem einverstanden sind, was wir bis dahin geworden sind, einschließlich des leise alternden Körpers, ohne damit das einzuschränken, was wir noch werden können. Wollten wir es verleugnen, dann erwartete uns Resignation, vielleicht sogar Verbitterung. Akzeptieren wir es, wenn auch gewiss unter Wehmut und Trauer, so kann uns die Lebendigkeit erhalten bleiben, auch in den neuen Grenzen, die uns diese Altersphase setzt.

Eine 42-Jährige, die im Traum hektisch unterwegs war, hält plötzlich inne, weil ihr ein wunderbarer Lindenduft entgegenweht, der plötzlich alles erfüllt. Beim Gespräch über den Traum fällt ihr die Gedichtzeile von Ina Seidel ein: »Unsterblich duften die Linden …« (Seidel 1955). Ein neuer Bezug zum Jetzt, zum erfüllten Augenblick kann sich in dieser Phase einstellen.

Die Schriftstellerin Ingeborg Bachmann, die unter dieser Phase sehr gelitten hat – sie, die mit dreißig Jahren auf dem Höhepunkt ihres Ruhmes als Lyrikerin war, wusste doch genau, um was es hier geht, und in bestimmten Momenten stand sie ganz in den Möglichkeiten dieser Phase. In einem ihrer späteren Gedichte »Böhmen liegt am Meer« heißt es bezeichnenderweise:

Bin ich's, so ist's ein jeder, der ist so viel wie ich.
Ich will nichts mehr für mich. Ich will zugrunde gehen.
Zugrund – das heißt zum Meer, dort find ich Böhmen wieder.
Zugrund gerichtet, wach ich ruhig auf.
Von Grund auf weiß ich jetzt, und ich bin unverloren.
(Bachmann 1978 ff., 167)

Ein subtiles Sprachspiel ist dies, mit dem Wortbild und Wortfeld Grund, mit der Vorstellung, etwas, sich selbst auf den Grund gehen zu müssen – um dann wie durch ein Zugrundegehen hindurch sich verwandeln zu lassen zu einer neuen Ruhe, einer neuen Erkenntnis – in dem Wissen, unverloren zu sein.

David und Bathseba: Eine Paarfantasie

Die Archetypen Animus und Anima, in dieser Phase besser integrierbar als zuvor, werden immer deutlicher als inneres Paar erlebt und damit als Ausdruck des eigenen Selbst und der Gegensätze, die es in sich zu verbinden gilt. Damit ist in dieser Phase, das kann nicht genug betont werden, eine große Liebesfähigkeit entbunden, die von den real gelebten Beziehungen bis hin zu den inneren Beziehungen zwischen weiblichen und männlichen Kräften in uns selber reicht. In dieser Phase erleben viele Menschen zum ersten Mal Erfüllung in ihrer Beziehung und auch in der Sexualität, so paradox das klingen mag, aber es wird möglich, weil wir vielleicht erst jetzt ganz bei uns selber sein können, zugleich bezogen auf ein größeres Ganzes um uns und in uns. Zur vollen Hingabefähigkeit an einen anderen bedarf es tiefer Verwurzelung in sich selbst.

Die Liebeserfahrung dieser Phase tendiert, wenn sie sich selbst recht versteht, nicht mehr so sehr zu Selbstbestätigung und zur Festigung der eigenen Identität durch den Partner, wie es in früheren Phasen vielleicht noch der Fall ist, sondern sie zielt auf eine liebevoll-tragende Verbundenheit hin, die Energien für einen größeren Lebensumkreis freisetzt und einbringt. Eine 58-jährige Frau, schon auf der Schwelle zum späten Erwachsenenalter, berichtet von einem Traum:

»Jemand öffnete ein Buch. Ich denke, es könnte die Bibel sein. Es ist ein Paar da, ein Paar, das ganz innig ineinander versunken ist, ohne sich zu halten. Das Bild zieht mich sehr an. Ich schaue es lange an. Da werden die beiden lebendig. Der Mann gleicht König David, die Frau ist ein wenig Bathseba. Aber eigentlich hat sie die Körperformen von mir, seltsam, ich bin doch keine Bathseba. Ich bin ergriffen von dem Traum und ich erwache vor Liebe« (Kast 1988, 21).

Diese Frau, engagiert als Pädagogin tätig, hatte vor dem Traum das wehmütige Gefühl, durchaus viel Liebe in ihrem Leben gegeben und auch bekommen zu haben, aber eben nicht die große Liebe, für die sie alles hingeworfen hätte, um mit eben diesem Menschen Zusammensein zu können. Angesichts des eben beschriebenen Traums aber hatte sie plötzlich das Gefühl, sie »quelle von Liebe über«. Sie schreibt: »Irgendwie habe ich das Gefühl, dass jetzt, für einen Moment, einmal alles ›ganz‹ ist. Ich bin einverstanden mit mir und dem Leben, mit allem Schweren und allem Schwierigen. Ich habe mich auch sofort ganz schöpferisch gefühlt. Ich fing an, über David zu fantasieren, mir zu überlegen, wenn ich einen Mann fände wie David … Dann habe ich mir gedacht, dass das vielleicht in der Fantasie doch schöner sei als in der Realität. David muss doch wohl recht schwierig gewesen sein. Doch fing ich dann an, David zu zeichnen« (Kast 1988, 22).

So fantasierte die Frau ihren David aus und malte ihn auch wirklich (auch dies – wie schon erwähnt – ein wichtiger Umgang mit Traumfiguren, der diese sehr konkret macht), um sich dann zögernder auch der inneren Gestalt der Bathseba anzunähern, einer Animafigur, die auch Schattenelemente, nicht gelebte Seiten der Träumerin selbst enthält. Sie hatte sich eigentlich immer verboten, so verführerisch zu sein wie eine Bathseba. Gerade darum ging es aber wohl in dem Traum, dass sie riskierte, verführerisch zu sein, und auch einmal – selbst unter der Gefahr, dabei an anderen schuldig zu werden wie Bathseba – ihre Liebe wagte. Die Pointe liegt hier gewiss nicht in dem bei dem biblischen Paar damit verbundenen Ehebruch, wohl aber in der Aufforderung zu dem Mut, auch einmal Tabus zu brechen um ihrer Liebe willen. Doch die Selbstannahme ihres bisherigen Lebens und ihres Geschicks, wie es einer 58-Jährigen wohl ansteht, gehört auch zu diesem Traum. Sie sagt: »Liebe kann offenbar auf verschiedene Weise gelebt werden, und wenn die große Liebe zu einem Menschen nicht sein darf in meinem Leben, dann will ich es auch akzeptieren« (Kast 1988, 22). Dennoch erlebte sie sich von da an für ihre großen Gefühle, ihre Lebensleidenschaft in ganz neuer Weise wach und bereit. Der Traum hatte sie emotional wachgerüttelt.

Generativität

Die wachsende Fähigkeit zur Verantwortung für die Nachkommenden, für die Jugend, erwächst gleichfalls aus der neuen Liebesfähigkeit dieser Lebensphase, einer Sorge, die aus einem inneren Bedürfnis heraus weiterzugeben vermag. Es gehört zur Selbstverwirklichung in diesem Alter, sich an die kommende Generation zu vermitteln. Darin realisieren wir uns selbst und beginnen zu verstehen, dass wir dafür nicht extra Dank erwarten müssen. In der Entwicklungspsychologie wird diese Fähigkeit als »Generativität« (Erikson 1988, 80f., 1959, 117ff.) bezeichnet. Damit ist neben Fortpflanzungsfähigkeit auch Produktivität, Kreativität, also die Hervorbringung neuen Lebens gemeint, die bei der Sorge für die eigenen Kinder beginnt und sich in der Verantwortung für die anvertrauten Kinder und die kommende Generation überhaupt fortsetzt. Letztlich schließt sie eine Art von »Selbstzeugung« ein, die sich mit der Weiterentwicklung der eigenen Identität befasst. Erik Erikson setzt dieser Generativität die Stagnation oder auch die Selbstabsorbation entgegen, als die beiden Pole, zwischen denen die Möglichkeiten und Chancen dieses Alters schwingen. Sie bestehen darin, aus der Spannung zwischen diesen Polen schließlich die Fähigkeit zur Fürsorge, zur

Caritas als übergreifender Nächstenliebe hervorzubringen.

Können wir in dieser Phase akzeptieren, dass die Zukunft auf jeden Fall der kommenden Generation gehören wird, dann werden wir uns den Nachwachsenden, den eigenen Kindern, Schülern und Studenten mit einer Einstellung zuwenden, die über den bloßen Neid auf die Jüngeren hinausführt, werden uns an ihnen freuen als an den Menschen, die das größere Ganze der Gesellschaft künftig mittragen können, mit denen die Verantwortung geteilt und denen sie bald ganz überlassen werden kann. Wir können der kommenden Generation geben, was wir zu geben haben, und brauchen nicht in der Rivalität mit den Jüngeren steckenzubleiben. In diesem Fall nämlich gerieten wir unweigerlich in die Stagnation, die sich nicht mehr zu wandeln vermag, in die Situation eines Menschen, den andere und anderes nicht mehr interessieren, weil er völlig von sich selber absorbiert ist. Aus Generativität hingegen wachsen Weltoffenheit und innere Freiheit.

Zu echter Generativität gehört nach Erikson freilich auch ein gewisses Maß an Autorität, der Mut dazu, der keineswegs ins Autoritäre abgleiten muss, sondern der Sehnsucht der heranwachsenden Generation nach Vorbildern und Leitbildern im Pädagogischen, Therapeutischen, Künstlerischen und Schöpferisch-Organisatorischen gerecht wird und entspricht – eine Aufgabe, mit der sich die Vertreter der ehemaligen »antiautoritären« Generation nicht leicht tun, die aber gleichwohl ansteht. Hierher gehören alle die Träume, in denen uns selber etwa eine Autoritätsrolle angetragen, aufgetragen wird – und der wir uns oft zunächst zu entziehen suchen.

Den Geist unter die jungen Leute bringen

Eine Universitätsdozentin träumt in dieser Lebensphase, ihre Vorlesungsblätter würden vom Winde verweht und aus dem Fenster hinaus in die Stadt getragen. Ein Kollege sagt geistesgegenwärtig: »So kommt der Geist wenigstens unter die Leute« – und beide müssen lachen (Kast 1994, 80).

Sie nimmt den Vorgang mit Humor: Schließlich soll der Geist unter die Leute kommen, ob nun alle immer die Urheberin eines guten Gedankens kennen und zitieren oder auch nicht. Solche Großmut ist wohl erst in dieser Lebensphase möglich. Der Wind eines größeren geistigen Lebens nimmt dieser Frau das geistige Eigentum aus der Hand und verweist sie zugleich darauf, dass sie in dieser Lebensphase auch längst imstande ist, frei, auswendig, »by heart«, wie die Engländer sagen, zu sprechen, da sie aus durchdachten, durchlebten, geistigen und existentiellen Erfahrungen heraus zu reden vermag.

Die neue »Tugend«, die Stärke, die aus der Antithese von Generativität und Stagnation hervorgeht, wäre nach Erikson die »Fähigkeit der Fürsorge, als eine sich erweiternde Verpflichtung, sich um Personen, Produkte und Ideen zu kümmern« (1988, 81 f., 1959, 117 f.). All jene Stärken, die in aufsteigender Ordnung von der Kindheit ins junge Erwachsenenalter, aus früheren Entwicklungen entstehen – also Hoffnung und Wille, Entschlusskraft und Kompetenz, Treue und Liebe –, erweisen sich bei genauerem Hinsehen als »unumgänglich für die dieser Generation nun gestellte Aufgabe, die Stärke der nächsten Generation zu kultivieren« (Erikson 1988, 87 f.).

Verantwortung für die alten Eltern

Die Fürsorge für die alten Eltern, die meist auch in diesem Lebensabschnitt beginnt, weckt zudem ein Gefühl für die eigene fortgeschrittene Lebensphase und ist archetypisch unterlegt mit dem Bild der »Alten Weisen«, des »Alten Weisen«, die nun auch in den Träumen erscheinen und auf die wir uns in dieser Phase stärker zu beziehen beginnen – mit einem neuen Sinn für Lebenszusammenhänge. Zugleich aber ist unser Lebensgefühl bedroht von den Angstbildern der Vergreisung. Dies hat alles auch zur Folge, dass wir fortan verantwortlicher mit dem eigenen Leben umzugehen beginnen, dass wir uns unserem größeren Selbst zuwenden, das nach Jung unseren kleineren Ich-Komplex umfasst und steuert, und damit die Verbindung zu einem größeren Ganzen suchen, das uns von innen und außen umfängt und trägt. Bei der Verantwortung für die Alten, die wir in diesem Lebensabschnitt aufzunehmen haben, ist es dennoch wichtig, nicht zu vergessen, dass die Alten auch ihren eigenen Lebensrhythmus und ihre eigenen Ziele haben.

Von der greisen Mutter gesteuert

Das wurde einer überfürsorglichen Tochter erst bewusst, als sie sich im Traum im hinteren Fond ihres von der 85-jährigen Mutter gesteuerten Wagens vorfand. Noch dazu begann die Mutter die schmale Brücke zu einer kleinen Fähre zu befahren, die einen breiten Fluss überqueren sollte. Der Fluss hatte eine erhebliche Breite und erinnerte sie an die Weser bei Hameln. Die Mutter steuert den Wagen mit größter Vorsicht und Präzision auf die Fähre.

In dem Traum weiß die Mutter genau, dass für sie der

große Übergang über den Lebensfluss ansteht, der ihr zunächst als Styx erscheint, als der Grenzfluss zwischen dem Land der Lebenden und dem Land der Toten, den sie – aber zu dem Zeitpunkt doch noch nicht die Tochter! – überqueren muss.

Erst bei diesem Traum, den sie ja als Tochter träumt, merkt diese mit einigem Erschrecken, dass sie im Begriff ist, ihr eigenes Schicksal gänzlich von dem der Mutter steuern zu lassen, der sie die Fähigkeit, selbst zu steuern, zugleich gar nicht mehr zugetraut hatte, weil sie sie in Wirklichkeit seit vielen Jahren nur noch in ihrem eigenen Wagen kutschiert hatte. Stattdessen kommt die Tochter, wie der Traum sagt, nun selber in Gefahr, von der Mutter mit auf die Fähre ins Totenreich gesteuert zu werden. Ihr eigenes Leben kommt dabei in Gefahr, sich in dem der Mutter zu verlieren. Der Traum erweist sich als eine ernsthafte Warnung und fordert die Träumerin auch heraus, ihr eigenes Leben nun endgültig wieder in die Hand zu nehmen. Der Traum gab ihr gegenüber der Mutter auch ein gutes Gewissen, weil diese sich durchaus in der Lage zeigt, ihr eigenes Geschick zu steuern, indem sie mit großer Sorgfalt ihren Transit über den Styx vorbereitet und gleichsam »ansteuert«. Der Tochter wäre es angemessen, hier auszusteigen und den Abschied von der Mutter vorzubereiten, denn es entstünde sonst gar noch die Gefahr, dass sie die Mutter am Übergang behinderte, denn mit ihr zusammen dürfte die Mutter zu diesem Zeitpunkt gewiss nicht überfahren. Der Traum macht der Tochter auch deutlich, dass sie sich in einer allzu überfürsorglichen Bindung an die Mutter befindet, einem Gegenbild zu jenem viel häufigeren Verhalten alten Eltern gegenüber, sich von ihnen abzukoppeln und die Sorge für sie bezahlten Pflegekräften zu überlassen, wenn sie sich dem Schreckbild der Vergreisung annähern.

Mir scheint es immer als eine gute Regel, die Extreme vermeidet, sich so zu verhalten, dass wir die beiden Eltern, den Elternteil, der unsere Pflege braucht, liebbehalten können. Dies nämlich brauchen pflegebedürftige Eltern am dringendsten, und darin sind wir ihnen als Töchter und Söhne unersetzbar. Eher sollten wir dann, wenn die körperliche Pflege der Eltern für uns zu schwierig wird, Pflegekräfte einsetzen, als uns emotional so sehr zu überlasten, dass keine seelische Nähe zu ihnen mehr möglich ist und stattdessen nur noch Ungeduld oder gar Ablehnung,

Viele erreichen jenseits der Vierzig oder gar der Fünfzig Führungspositionen und damit volle Verantwortlichkeit und dies aufgrund ihrer nun ausgereiften Berufserfahrungen mit allem Recht. Nach dem 55. Jahr stellt sich für manche aber doch die Frage, ob es noch adäquat ist, gänzlich in der Außenwelt aufzugehen. Für die meisten stellt sich auch allmählich die Frage nach dem Ende der Berufszeit, die heute, da manche mit der vorgezogenen Pensionierung spielen oder auch von ihrem Betrieb dazu gedrängt werden, ihre Schatten schon in die fünfziger Jahre vorauswirft. Sehr schön ist die Zuwendung zu einem tieferen Aspekt des Selbst in einer Imagination zu erkennen, die sich für einen Mann, schon auf der Schwelle zum späteren Erwachsenenalter, ereignete:

Ein Tauchgang in die eigene Tiefe

Wie seinerzeit in der biblischen Erzählung der Prophet Jona geriet er, unter Wasser schwimmend und dem Sog des Wassers folgend, unvermittelt in das Innere eines Wals. Es machte ihm keine Angst, er erlebte es vielmehr als stimmig und einem eigenen Impuls entsprechend. Im Inneren des Wals zog es ihn durch mehrere Kammern, bis er schließlich in einen Raum geriet, der – sanft beleuchtet – eine geradezu meditative Stille ausstrahlte. Es war ein heiliger Raum, der zentrale Innenraum des Wals. Noch weiter ging es nicht und sollte es offenbar nicht gehen. Eine Sperre wie von gekreuzten Rippen oder Zähnen tat sich nach hinten auf. Der imaginierende Mann verharrte lange in dem Raum, begriff dann schließlich, dass er, wenn überhaupt, nur auf dem Weg, den er gekommen war, durch den Rachen des Wals (wie Jona auch, der allerdings ausgespieen wurde) wieder an die Oberwelt gelangen könnte. Er entschloss sich dazu, schwamm kraftvoll gegen den Wassersog, gegen die Strömung an und gelangte schließlich wieder heil nach oben – nicht ohne einen kleinen Schatz, einen Talisman aus dem innersten Raum des Wals fest in der Hand behalten zu haben. Er wusste selbst nicht mehr zu sagen: War es eine Perle oder ein Klümpchen Gold, oder war es vor allem die Taschenlampe, die er nicht aus der Hand gelassen hatte? Oder war es ihm in dieser Situation einfach »Goldes wert«, eine Taschenlampe in der Hand zu behalten?

Der Imaginierende erlebt seit einiger Zeit eine gewisse Faszination durch das Walfischmotiv – genauer: Jona im Fisch –, was bereits anzeigt, dass es ihn irgendwie in eine größere Tiefe zieht und er Sehnsucht danach hat, das Innere dieses ungeheuren Tieres – ein Symbol des mütterlich umfangenden, bergenden Unbewussten – kennen zu lernen. Es geht ihm um einen Gewinn tieferen Wissens, vielleicht auch um eine völlige Wandlung durch einen Transit durch bisher unbewusste Tiefen. Er imaginiert oft und vermag auch die Impulse und Symbole der Imagination zu Bildern zu gestalten. Imaginieren und Malen haben mit dem Träumen bekanntlich vieles gemeinsam: Sie speisen sich aus dem gleichen Reservoir der Seele an Bildern und beruhen gleichfalls auf der transzendenten, der symbolschaffenden Funktion der Psyche, welche die sonst unvereinbaren Gegensätze des Erlebens, Vorstellens und Verhaltens in ein vereinigendes Neues, ein Symbol zu fassen vermag, das tröstet, Frieden und Hoffnung gibt. Die sich an Träume anschließende Imagination lässt diese noch stärker gefühlsmäßig ausfantasieren, und man kann ungelöste Traumsituationen weiterspinnen. Und Malen vermag das gleiche, verbindet aber die Bilder des Traums zugleich mit aktiver Gestaltungskraft, konkretisiert und inkarniert sie dadurch, geht aktiv mit ihnen um und bringt sie dem Bewusstsein nahe.

Der Bauch des Wales kann, wie ich weiter oben schon andeutete, zum »heiligen Ort der Wandlung« werden. In der Auslegungstradition ist diese Stelle schon früh auf Christi Tod, Begräbnis und Auferstehung gedeutet worden – es handelt sich um ein Sterbe- und Auferstehungsmotiv und damit um eines der stärksten Symbole des Lebensübergangs. Als archetypisches Motiv enthält der Jona-Mythos die Züge des Verschlungenwerdens durch ein Ungeheuer, den dreitägigen Aufenthalt in dessen Bauch und das Wiederausgespieenwerden. Die Imagination lehnt sich eng daran an, enthält aber auch eigene Züge. Vor allem die Aktivität des Helden fällt hier auf. Sie gehört zur Lebensphase dieses Mannes, in der jener Tauchgang in den Walbauch nicht mehr für das regressive Verlangen zurück in den bergenden Mutterschoß steht, sondern für das progressive Verlangen, von Neuem daraus geboren zu werden. Das Ergriffensein vom Jona-Mythos kann für einen Mann etwas Ähnliches bedeuten wie für eine Frau das Ergriffensein vom Inanna-Mythos. In beiden bricht eine Bereitschaft auf, die »Tiefe des Lebens« samt seinem Todesaspekt zu erfahren.

Der Wal, einmal Bauch der Hölle, in dem das Leben zugrunde geht, ein anderes Mal Mutterschoß, aus dem neues

Leben hervorgeht, wird von dem imaginierenden Mann als neugebärender Schoß erlebt. In den mythologischen Vorstellungen mancher Völker wird der Wal als Träger des Weltalls dargestellt. Demnach sucht also der Imaginierende in das innerste Geheimnis des Weltalls zu gelangen, als er sich mit dem Wassersog in den Schlund des Wals hineinziehen lässt. Es geschieht ihm im Unterschied zu Jona nicht unfreiwillig, sondern freiwillig, er schwimmt aktiv mit, auf der Suche nach dem Geheimnis dieses Wals. Deshalb überwiegt bei diesem existentiellen Abenteuer auch die Faszination die mögliche Angst. Der Schwimmer durchgleitet mehrere Räume im Inneren des Wals, bis er zu seinem Erstaunen in einen Raum gerät, in dem eine fast feierliche Stille herrscht. Er ist milde beleuchtet, alles lädt zur Meditation ein, in die auch der imaginierende Mann – in Meditation geübt – schließlich wie versinkt. »Da ging dir im Dunkeln ein Licht auf«, lässt Uwe Steffen, der ebenfalls vom Jona-Motiv fasziniert ist, seinen Jona sagen (Steffen 1982, 53). Es ist symbolisch wohl der gleiche Raum, in dem der Prophet Jona, nach dem biblischen Bericht durch Psalmensingen, zur Einkehr und zur Umwandlung seiner bisherigen Gesinnung und seines Lebens kam. Nach einigem Verweilen in diesem Raum prüft der Imaginierende, ob es von diesem Raum aus wohl eine Möglichkeit gäbe, noch in einen weiteren Raum zu gelangen. Doch da ist kein Weiterkommen mehr: Ein Verhau aus gekreuzten Rippen oder auch Zähnen schneidet ihm den Durchgang ab. Das Diagonalkreuz deutet das Verbot des Durchgangs an. Meine Fantasie angesichts dieser Sperrzone ist, dass es lebensgefährlich wäre, ja den Tod bedeuten könnte, in diese Richtung weiter vorzudringen. Realistisch fantasiert, müsste es ja wohl bedeuten, dass der Wal ihn verdauen, das heißt ihn auflösen würde. Jung spricht in seinem Kommentar zur Nachtmeerfahrt von

»jenem gefährlichen Augenblick, in dem die Entscheidung fällt zwischen Vernichtung und neuem Leben. Bleibt die Libido im Wunderreich der inneren Welt hängen, so ist der Mensch für die Oberwelt zu einem Schatten geworden, er ist so gut wie tot oder schwer krank. Gelingt es aber der Libido, sich wieder loszureißen und zur Oberwelt emporzudringen, dann zeigt sich ein Wunder: die Unterweltfahrt war ein Jungbrunnen für sie gewesen, und aus dem scheinbaren Tod erwacht neue Fruchtbarkeit« (zit. Steffen 1982, 19).

Der mutige Mann muss den Rückweg also in der gleichen Richtung antreten, in der er in den Wal hineingekommen ist. Dieser Wal speit ihn nicht von sich aus an Land. Mächtig anschwimmend gegen die Strömung, vermag er sich vielmehr selbstständig wieder an die Meeresoberfläche und schließlich ans Ufer zu bewegen. Was er jedoch bei alledem fest in der Hand hält und auf keinen Fall verlieren möchte – und auch wirklich nicht verliert –, ist wahrscheinlich eine Perle oder ein Klümpchen Gold, edelstes Metall, eine Kostbarkeit, gewonnen aus diesem Tauchgang in die Tiefe, ein Stück seines eigenen innersten Wesens. Dazu gehört die Taschenlampe, ein Bild für sein Bewusstseinslicht, das er auch in der Begegnung mit dem mächtigen Archetyp des Wals nicht verloren hat, sie gleicht der »Bergwerkslaterne«, von der Jung einmal spricht, indem er nahelegt, sie hoch zu schätzen, sie nie zu verlieren, wenn man sich in das Bergwerk der seelischen Tiefen wagt.

Dieser Mann, der, obgleich noch voller Verantwortung in einem anstrengenden Beruf stehend, den Lebensübergang zum Wesentlichen sucht, hat ihn gefunden in seinem Tauchgang in den Innenraum des Meerungeheuers, den mütterlichen Raum des Unbewussten. Das erscheint mir der entscheidende Unterschied zu dem möglichen Umgang eines Adoleszenten mit dem Jona-Motiv zu sein, der sich aus dem Mutter-Komplex erst einmal herauskämpfen muss und dabei noch stark in die Regression gezogen wird. Dieser Imaginierende jedoch durchschreitet den Mythos aktiv, progressiv im Sinne dessen, was in der zweiten Lebenshälfte ansteht.

Zu dieser Imagination passt sehr gut ein Vergleich, den Rabbi Eliezer in seiner Auslegung des Jona-Motivs findet: »Er, Jona, ging in seinen, des Fisches Rachen hinein, wie wenn ein Mensch in eine Synagoge eintritt und darin steht …«, und weiter: »Es war eine Perle in den Eingeweiden des Fisches ausgehängt, die dem Jona Licht gab wie die Sonne am Mittag und es ihm ermöglichte, alles im Meer und im Abyssos zu sehen« (zit. Steffen 1982, 51, 55). Auch Paracelsus ist der Überzeugung, dass Jona im Bauche des Ungeheuers »gewaltige Mysterien« (zit. Steffen 1982, 55) geschaut habe. So dringt auch ein lappländischer Schamane im Trancezustand in das Innere eines Wals oder eines großen Fisches ein und bleibt im Geiste drei Jahre in seinem Bauch, »um die Geheimnisse der Natur kennenzulernen, um die Rätsel des Lebens zu lösen und die Zukunft zu erforschen« (zit. Steffen 1982, 51 f.). Nach Eliade ist der Grundzug aller Einweihungsabenteuer: »Man steigt in den Bauch eines Ungeheuers hinab, um Wissen, um Weisheit zu lernen« (Eliade 1977, 315). Unübersehbar ist auch, dass sich in dem Jona-Motiv die Stadien des Geburtserlebnisses spiegeln, so wie sie Stanislav Grof herausgearbeitet hat. (Grof 1978, 77 f.)

Beziehung zu sich selbst

Steht die Beziehung zu sich selbst in Verbindung mit einem größeren Ganzen, einer weiten, sich ständig erweiternden Innenwelt, die die großen Menschheitstraditionen mit umfasst, und einer sich vertiefenden Reflexion der Außenwelt, die Geschichte und Zukunftsperspektiven einschließt, so wird sie auch über diese Zeit hinaus schöpferisch und generativ bleiben. Ist sie hingegen egozentrisch, so wird sie sich künftig vom größeren Ganzen immer mehr isolieren, so dass der betreffende Mensch sich langsam aber sicher zu seinem eigenen Lieblingskind macht. Das trifft zu für die Menschen, die sich schließlich nur noch um sich selbst drehen und gegenüber jeder Berührung mit der Außenwelt hoch empfindlich reagieren. Ein quälendes Bedürfnis nach »Pseudointimität«, wie Erikson das nennt (1959, 118), stellt sich bei dieser Konstellation ein. Auch die bestehenden Beziehungen werden dadurch überlastet. Diese Gefahr droht dann, wenn wir den Bezug zum größeren Ganzen verlieren und ihn auch in uns selbst nicht wiederfinden.

Die Lebensphase des mittleren Erwachsenenalters bedeutet zugleich die absolute Krise für die narzisstischen Störungen, die wir vielleicht von der frühen Kindheit an bis hierher mitgeschleppt haben. Ist der Ich-Komplex des Betreffenden wenig kohärent, so dass er noch immer viel Bestätigung von außen braucht, so gerät er in Auflösungsgefahr, wenn diese Bestätigung immer mehr ausbleibt. Das Altern wird dann als entscheidende narzisstische Kränkung erlebt. Die narzisstische Störung allerdings kann behandelt werden, wie in jedem Lebensalter, so auch jetzt noch. Es liegt sogar eine Chance darin, dass die Begrenzungen des Körpers und des Geistes von diesem Alter an als objektiv, als normal betrachtet werden. Damit wird es leichter als zuvor, sich in diesen Grenzen einzurichten, sich im guten Sinn zu bescheiden. Die Behandlung einer narzisstischen Störung müsste jedoch jetzt endgültig angegangen werden, wenn sich der Übergang ins Alter nicht zu einer Katastrophe entwickeln soll. Das gesunde Ich hingegen »bleibt in der Treue zu sich selbst und zu dem, was geschaffen worden ist, aber es akzeptiert Grenzen und wendet sich gegen Innen, zum Selbst, ohne zugleich die Positionen in der Außenwelt aufzugeben« (Erikson 1959, 118f.). Die »Aufrechterhaltung der Welt« ist die Tugend des mittleren Erwachsenenalters (Erikson 1988, 85f.).

Das spätere Erwachsenenalter

Einverständnis

... dränge sie zur Vollendung hin und jage die letzte Süße in den schweren Wein.
RAINER MARIA RILKE

Der Übergang vom mittleren zum späteren Erwachsenenalter (Riedel 1998, 2009), das die Spanne vom 55. bis zum 75. Jahr umfasst, wobei man ab 65 vom späten Erwachsenenalter sprechen sollte – kündigt sich in folgendem Traum einer Frau dieses Alters an:

Im »Oldtimer«: Ein neues Lebensgefühl

»Ich fahre mit einem Oldtimer durch die Gegend. Es ist noch kein ganz richtiger Oldtimer, sondern so eine alte Zitrone (Citroën), wie man sie von den Kriegsfilmen und aus den Nachkriegsjahren kennt. Er hat ein offenes Verdeck, das gibt ihm doch eine gewisse Sportlichkeit. Ich bin unzufrieden im Traum, dass man mir diesen Wagen zugeteilt hat, kann das nicht verstehen, auch weil mich andere mit Alfa Romeo usw. überholen. Mit der Zeit beginne ich es zu genießen. Ich kann die Landschaft sehen, es geht ziemlich gemächlich. Ich denke, fürs Alter sei dieses Auto vielleicht doch nicht so schlecht. Bloß das Verdeck macht mir Sorge: Wenn es zu regnen beginnt, muss ich mich beeilen – und: Was mache ich bloß im Winter?« (Kast 1987, 93 f.).

Die Träumerin berichtet den Traum nicht ohne Selbstbewusstsein, aber auch mit ambivalenten Gefühlen: So einen alten Citroën hätte sie eigentlich ganz gern, aber auf Oldtimer könne man sich ja nicht verlassen, es sei problematisch mit den Reparaturen. Und ob man überhaupt eine Werkstatt für solch einen Oldtimer fände? Diese Citroëns seien andererseits ja wunderbare Autos gewesen, und das offene Verdeck, das habe sie ganz versöhnt mit diesem Gefährt. Sie verstand die Botschaft des Traumes. Er empfiehlt ihr, mit ihren späteren Jahren Ernst zu machen und sich dementsprechend symbolisch einen Oldtimer zu kaufen, der ihr auch erlaubt, sich gemächlicher, zugleich stilvoller durch die Landschaft zu bewegen. Durch seine Form, aber auch durch sein offenes Verdeck wird der Oldtimer zu einer, wie sie sagt, »recht aparten Erscheinung«, mit der sie sich durchaus anfreunden kann. Der Traum weist die Träumerin allerdings auch auf ihre Tendenz hin, sich immer wieder mit anderen, flotteren, jüngeren zu messen und damit die Lebensphase, in der sie steht, abzuwerten, vielleicht auch in der ihr eigenen Schönheit zu verpassen. Denn der Oldtimer hat durchaus eine sehr aparte Form, die ihr auch liegt. Es wäre ihr adäquat, die besondere Form ihres Alters auch zu zeigen und mit einem gewissen Charme dazu zu stehen. Auch sieht sie in ihm viel mehr von der Landschaft als früher in schnelleren Wagen. Solange sie die Konkurrenz mit anderen, schnelleren Wagen aber nicht überwindet, kann sie sich ihrer Situation nicht freuen. Das Einzige, was wirklich ungelöst bleibt, ist die Frage mit dem Verdeck. Sie weiß noch nicht, was sie tun soll, wenn es regnen wird und gar, wenn der Winter einbricht. Darin ist eine echte Angst vor dem noch höheren Alter verborgen, eine Angst vor Schutzlosigkeit.

Kürzlich stellte eine geistvolle Dame, derzeit 72 Jahre alt, also bereits im späten Erwachsenenalter, in einem Vortrag die Frage, ob wir Älteren nun eher ein Auslaufmodell werden wollten oder eine Antiquität (Schönfelder in: Egner 1995, 104) – eine Frage, die aus einem ähnlichen Erleben wie in dem eben besprochenen Traum entspringen mag: Zwei Bilder, zwei Modellvorstellungen für das Alter legt sie hier vor. Man kann sich selber als ein überholtes Auslaufmodell verstehen oder aber als eine Antiquität, die einen eigenen Wert hat und, wie wir wissen, oft sehr hoch im Kurs steht.

Die Ernte einholen

Von Mitte fünfzig an spätestens kommt die eigene Sterblichkeit in Sicht, aber auch die der ganzen Menschheit, der ganzen Natur, ein Thema, das sehr beunruhigen kann. Mit dem Übergang über die Fünfziger-Schwelle sind andererseits Gefühle des erneuten Einholens des bisher gelebten Lebens verbunden, ein Balancieren: einerseits das Gelebte und die noch vorhandenen Ressourcen, andererseits auch Defizite, was noch einmal zu einem erneuten Aufbruch anregen mag. Im Allgemeinen gilt aber die Phase des späteren Erwachsenenalters eher als eine Phase der Aufarbeitung dessen, was das mittlere Erwachsenenalter an Aufbrüchen erbracht hat.

Ressourcen gelebten Lebens

Das Entdecken der Ressourcen kommt besonders schön in einem Traum zum Ausdruck, den eine Frau bereits an der Schwelle ihres fünfzigsten Geburtstages träumt, der aber auch an der Sechziger-Schwelle geträumt worden sein könnte.

In diesem Traum träumt sie sich selber mit Freundinnen und Freunden aus den unterschiedlichsten Phasen ihres Lebens auf ihrer Geburtstagsfeier: Mit einer Flüchtlingsfamilie aus Guatemala, einfachen, warmherzigen Leuten, die wohl für ihre letzte Berufsphase im Entwicklungsdienst stehen; mit einem alten Linken aus der 68er Bewegung, der ihr durch seinen politischen Horizont und seinen Mut immer imponiert hatte. Er steht für ihre sozialpolitisch engagierte Phase. Zu der Tischrunde gehört aber auch ein feinfühliger, musisch empfindender Theologe, der ihr einmal viel bedeutet hat. Ihr leiblicher Bruder gehört dazu, der ihr oft und gerne widerspricht und ihr doch in vielem gleicht. Und schließlich findet sich in dieser Runde eine feine, beseelte junge Frau in einem hellen Kleid, von der sich die Träumerin besonders angezogen fühlt, mit der sie spontan anstößt, um gemeinsam mit ihr ein Glas Rotwein zu trinken.

Diese junge Frau, die es in der Wirklichkeit noch nicht gibt, ist die eigentliche Überraschung dieses Traumes und deutet den Lebensübergang an. Sie stellt nichts anderes dar als die innere Schwester, die andere Seite der Träumerin selber, die deren tatkräftige, sozialpolitisch engagierte Art von nun an durch eine zarte, nach innen gewendete Seite ergänzen kann. Sie ist jung, hat eine offene Zukunft und viele Möglichkeiten vor sich. Als solche ist sie die zukunftsträchtige Seite der Träumerin, die jetzt aktuell wird.

Dieser Traum zeigt sehr anschaulich, wie zum fünfzigsten Geburtstag alle Phasen eines auf vielen unterschiedlichen Ebenen gelebten Lebens wieder zusammenkommen können, eingeholt, aufgehoben, so dass wir ganz zu uns selber kommen, wobei auch lange vernachlässigte oder auch abgeblockte Züge unseres Lebens, seien es nun die, die der unerschrockene alte Linke, oder die, die der feinsinnige, meditative Pfarrer verkörpert, wiederkehren. Dies ist im

Übrigen einer der Träume, in denen die Frau von ihrer inneren Animagestalt träumt, die den ansonsten weitgehenden Animusbezug der Träumerin – außer ihr sind lauter Männer zu Gast – wirkungsvoll um Weibliches ergänzt.

Das Höhlensystem der tieferen Lebenszusammenhänge

Ein späterer Traum derselben Frau, die nun die Sechziger-Schwelle überschritten hat, möge zeigen, wie sie seit der Zeit verstärkt den Kontakt zu ihrer inneren Welt sucht und findet. Aus Mittelamerika, wo sie nach wie vor am Aufbau von Bildungszentren aktiv beteiligt ist, schreibt sie mir den folgenden Traum:

»Ich besuche ein großes Höhlensystem mit wunderschönen großen Edelsteinsäulen – wie Basaltsäulen – in verschiedenen Farben. Einige Leute sind dabei, die Säulen von einem weißlichen Belag zu befreien, so dass man die ursprünglichen, tiefdunklen Farben sieht: Blau, Rot, Grün. Später sollen diese Höhlen für Touristen geöffnet werden. Auch eine Kammer mit Bär war da. Er hatte ein schönes, dichtes, braunes Fell. Man kann zu dem Tier reingehen.

Ich kenne die jungen Leute gut, die da arbeiten. Früher war es in dem Höhlensystem etwas anders. Ich kannte es auch gut, fand mich darin zurecht. Lebte ich da? Ein Dorf, wohl B., musste komplett verlegt werden, um besser an das Höhlensystem ranzukommen. Ich sage zu den dort Arbeitenden: Wenn ihr mal eine echte Sonne sehen wollt (vielleicht weil sie immer unterirdisch arbeiten müssen?), müsst ihr zu mir kommen, und ich nenne meine frühere Frankfurter Adresse.«

Als spontane Assoziation fügt sie hinzu: »Ich staune immer noch, dass man bei mir die ›echte Sonne‹ sehen kann.«

In meinem nächsten Brief nach Mittelamerika schreibe ich ihr, wie sie es erwartet, einige Gedanken zu diesem Traum: Der nach längerer Distanz wieder aufgenommene Kontakt mit K., einem geliebten Mann, habe offenbar bewirkt, dass sie ihr inneres Höhlensystem wieder wahrnimmt, wieder aufsucht – ein System in ihrer Tiefe, im Seelischen. Sie staunt, wie schön es da ist, es enthält ganze Säulen aus Edelsteinen, die soeben von einem Belag, der sich angesetzt hatte – wohl in der zurückliegenden Gefühlslatenzzeit gegenüber K. –, wieder befreit werden. Sie kommen wieder zu ihrer vollen Leuchtkraft in den ursprünglichen Farben: Blau für seelische Tiefe oder auch Geistiges, Rot für Leidenschaft, Grün für Hoffnung und Wachstum. Ihr Gefühlsbereich in seinen ursprünglichen, tiefen Farben liegt wieder frei. Vorerst gehört dies alles nur ihr selber, es soll aber später zur Besichtigung freigegeben werden, offenbar hält sie es für sehenswert. Heißt das, dass sie sich später einmal vorstellen kann, mit anderen über ihre Erfahrungen in diesem Höhlensystem zu sprechen, sie mitteilbar zu machen? Oder wird sie es selber, zusammen mit den Touristen ihres Bewusstseins später einmal noch genauer inspizieren – alles, was sie mit und an K. und in ihrer Arbeit mit Träumen innerlich erlebt hat? Auch ein lebendes Wesen, ein Ureinwohner oder eine Ureinwohnerin dieser Höhle, ein Bär ist anzutreffen: Er stellt offenbar etwas aus ihrem Instinktbereich, ihrer Körperlichkeit und Vitalität dar, Symbol urtümlicher Mütterlichkeit, aber auch naturhafter Wildheit, etwas Königliches im Tierreich, bedeutendes Totemtier vieler Stämme. Es ist also gefühlsmäßig und instinktmäßig warm belebt in diesem Höhlenbereich und zugleich zugänglich, also mit ihrem Bewusstsein schon vertraut gemacht. Wichtig erscheint mir auch der Zug des Traumes, dass in dem inneren Höhlensystem gearbeitet wird, sogar mit jungen Kräften. Eine weitere Erforschung und Bearbeitung – durch Reflexion, neues gefühlsmäßiges Durcharbeiten – ist also bereits im Gange.

Es folgt noch die Schluss-Szene im Traum, die die Träumerin offenbar am meisten verwundert hat, wenn sie dazu schreibt: »Ich staune immer noch, dass man bei mir die ›echte Sonne‹ sehen kann.« Die echte Sonne: Was wäre das anderes als helles Tageslicht, Bewusstseinslicht, vitales Lebenslicht, volle Klarheit im Sinne eines freudigen, begeisterten Erkennens. Um echte Sonne zu sehen, müssten die Höhlenarbeiter, die bisher im Dunkeln arbeitenden Kräfte – so meint wohl das Ich im Traum – zu ihr, also an die Oberwelt zu Besuch kommen. Das kann doch gar nichts anderes heißen, als dass sich die Arbeitsenergien, die im Unbewussten tätig sind, von da an auch im Bewusstsein der Träumerin werden zeigen können.

Zu Fuß über die Brücke

Wenn die Lebensphase des späteren Erwachsenenalters voll ausgeschritten werden darf, so kann sie eine besonders fruchtbare Phase werden, die langsam zur Erfahrung des Gelöstseins hinüberweist. Der Ich-Komplex im späteren Erwachsenenalter wird zunehmend vom Archetyp des oder der »Alten Weisen« beeinflusst. Mit der Lebenserfahrung, die gewonnen ist und die uns bleibt, werden Situationen beurteilt, wird den jüngeren Menschen Perspektive und Anregung geboten, gelegentlich auch Widerstand. Es gibt die wunderbare, mutige Freiheit des Alters, die bis in die politische Öffentlichkeit hinein wirkt und von Frauen wie Hildegard Hamm-Brücher, Männern wie Heinrich Albertz oder Helmut Gollwitzer verkörpert wird, Gestalten, die denn auch in den Träumen von Menschen dieser Lebensphase öfter vorkommen. Es ist die Phase, in der man auch nach Zeiten stärkerer Fremdbestimmung endgültig auf die eigenen Füße kommen will und kann. Ein 63-jähriger Mann träumt:

»Es ist eine große Fahrerei im Traum. Zuerst sitze ich in der Eisenbahn, die Welt flitzt an mir vorbei. Ich lese Zeitung, bin dann aber plötzlich beunruhigt, weil ich nicht mehr weiß, wie ich ans Ziel komme. Ich weiß auch nicht mehr recht, wo denn das Ziel überhaupt ist. Ich steige bei der nächsten Station aus: Ich bin erleichtert, die Gegend stimmt ungefähr.

Ich warte auf einen Bus. Fahre wieder mit dem Bus lange in einer Stadt herum, in der ich mich eigentlich auskennen sollte, aber mich doch nicht auskenne. Plötzlich bin ich in meinem Auto. Ich habe jetzt auch einen Stadtplan und suche gezielt meinen Weg. Es ist jetzt viel einfacher, weil ich fast überall durchfahren kann, wo ich will – außer da, wo Einbahnstraßen sind. Einmal fahre ich auch durch eine Einbahnstraße. Dieser Verstoß gegen die Straßenverkehrsordnung scheint mir gerechtfertigt, es kommt nämlich darauf an, dass ich möglichst rasch jemandem ein wichtiges Medikament bringe.

Dann wird der Weg immer schneller – in der Mitte einer Holzbrücke, die über einen Bach geht, wage ich nicht mehr weiterzufahren, ich weiß auch nicht, wie ich zurückfahren soll. Ich bin dann aber plötzlich zu Fuß unterwegs, das geht langsamer, aber jetzt kann ich wirklich überall gehen, wo es mir richtig erscheint. Ich werde wach, bevor ich das Ziel erreicht habe« (Kast 1987, 38 f.).

Der Traum zeigt noch einmal die Schwierigkeit auf, die für diesen Mann darin liegt, über die Schwelle zu kommen, in das hinein, was das spätere Erwachsenenalter bieten kann, nämlich: »Jetzt kann ich wirklich überall gehen, wo es mir richtig erscheint.« Zunächst fährt er etwas ziellos und hektisch in der Welt herum, eine »große Fahrerei ist im

Gang«. Vielleicht erscheint diese Fahrerei auch wie ein Rückblick auf seine bisherige Art und Weise, sich im Leben zu bewegen. Zuerst sieht er sich noch einmal in der Eisenbahn sitzen, also in einem fahrplanmäßigen, kollektiven Verkehrsmittel, in dem man sich transportieren lässt, nicht selber lenkt. Für diesen Modus, sich fahren zu lassen, ist aber offenbar die Zeit vorbei. Er verliert dabei nur das Ziel aus den Augen: Das Ziel kann ja in dieser Phase kein kollektives mehr sein, sondern ist das individuelle Ziel seines je eigenen Lebens, die Individuation: »Am Ende der Tage wird man mich nicht fragen: Warum bist du nicht Mose gewesen? Am Ende der Tage wird man mich fragen: Warum bist du nicht Sussja gewesen?« So sagt es eine chassidische Geschichte, die Martin Buber (1993, 17 f.) überliefert hat.

Der Träumer steigt also bei der nächsten Station aus dem kollektiven Verkehrsmittel, das auf vorgegebenen Schienen fährt, aus und fühlt sich sofort erleichtert, weil nun wenigstens die Gegend, in der er sich befindet, ungefähr für ihn stimmt: Er ist also »ungefähr« in der Ziellandschaft seines Lebens, in den für ihn adäquaten Lebensumständen angekommen. Er steigt in einen Bus um, das heißt: Noch immer lässt er sich fahren, steuert nicht selbst. So kommt es, dass er in einer Stadt, die er eigentlich kennen müsste, noch immer relativ ziellos herumfährt. Dabei merkt er immerhin, dass er sich in seiner Stadt – auch ein Symbol für das Selbst – noch nicht genügend und seiner Lebensreife entsprechend auskennt. Jedoch gibt er nicht auf, nimmt sich diese Erkenntnis zu Herzen und fährt jetzt in einem noch individuelleren Verkehrsmittel, dem Auto – dessen Umweltschädlichkeit hier nicht zur Debatte steht –, weiter, lenkt nun endlich selbst und sucht in einem Stadtplan zum ersten Mal in diesem Traum »gezielt« seinen Weg. Sobald er individuell fährt, sind aber auch Entscheidungen verlangt: Offenbar riskiert er es, eine Einbahnstraße verkehrswidrig zu befahren, da er ein Medikament zu befördern hat. Eine individuelle ethische Entscheidung will hier gegen kollektive Gebote und Verbote verteidigt werden. Er ist nun auf der Stufe angekommen, in der solch freie und dem eigenen Gewissen verpflichtete Entscheidungen von Fall zu Fall möglich sind, auch dies ein Charakteristikum des späteren Erwachsenenalters. Doch damit nicht genug: Der Weg im Traum wird schmaler – wird hier auf die späte Lebensphase des Träumers angespielt? –, und es geht auf einmal um eine klassische Übergangssituation, eine Flussüberquerung auf einer relativ schmalen Holzbrücke, die bezeichnenderweise von keinem Fahrzeug mehr befahren werden kann. Das könnte vielmehr geradezu gefährlich werden. Auf der Mitte des Übergangs merkt es der Träumer endgültig und hält inne. Da findet er im Traum den rettenden Ausweg, die dritte Möglichkeit: nämlich fortan zu Fuß zu gehen. Natürlich geht dies langsam, verglichen mit dem früheren Vorankommen im Auto, doch die entscheidende Erkenntnis lautet: »Ich kann jetzt wirklich überall gehen, wo es mir richtig erscheint.« Dies ist die neu gewonnene Freiheit des Alters, ein neuer Schritt in die Autonomie.

Weißes Licht

Eine andere Frau, von deren Traum eingangs schon die Rede war, vermag in diesem Alter zum ersten Mal ihre vergangene und teilweise verschüttete Lebenslandschaft ganz auszuschreiten, durchwandert sie wie eine antike Ausgrabungsstätte: am zerstörten Regierungssitz und Thronsessel vorbei, am Kerker der Gefangenen, an einer geheimnisvollen, von viel menschlichem Leid zeugenden Säule, wo die Träumerin, die sonst lieber für sich allein ist, auf einen sachkundigen Mann trifft, der, nachdenklich und ergriffen wie sie selber, diese Säule intensiv betrachtet. »Da tritt hinter der Säule ein Mann mittleren Alters, ein Arzt hervor. Er hatte sie betrachtet und wechselt nun, in tiefen Gedanken an mir vorübergehend, zur anderen Seite hinüber. Ich fühle mich gestört. Er gehört nicht zu unserer Gruppe. Ich wähnte mich hier allein. Aber sein stiller Ernst, der etwas zu begreifen scheint, lässt mich seine Anwesenheit respektieren.«

Zuletzt führt sie der Weg einige Stufen hinab in ein altes antikes Bad, das einen besonders schön gestalteten und geschmückten Bodenbelag zeigt. Schon im Traum sieht sie das Wasser, das hier einmal hervorströmte, so klar vor sich, dass es fast wieder zu strömen beginnt. »Fast sehe ich es sprudeln, so dass man unten duschen, möglicherweise in dem Bassin auch baden konnte. Wir überlegen, schließlich könnte es sogar warmes Wasser gewesen sein, also ganz komfortabel.« An dieser Stelle wird der Traum für sie ganz lebendig und präsent: Es geht um sie selbst, die nach dem Bilanzieren ihrer zerstörten, wenn auch ehrwürdigen Lebenslandschaft – indem der ehemalige Regent gestürzt ist und auch die Gefangenen nicht mehr festgehalten werden können – vor der Frage steht, ob es für sie noch ein regenerierendes Bad geben könne. Seit sie den Mann an der Säule wahrnahm – ein Symbol ihres Therapeuten, wie sie sich selber sagt –, weiß sie auch um jemanden, der an ihrem Lebensschicksal teilnimmt, was sie nach einem Moment der Scham – glaubte sie doch lange, alles alleine bewältigen zu können – nun doch auch ermutigt.

In einem Brief, in dem wir Gedanken über den Traum austauschen, schreibt sie hierzu: »Beschwerlich ist es doch immer, sich über Gewesenes oder gar neu zu orientieren: ›Orient‹ weist nach Osten, dass einem ein Licht aufgeht.« Und sie fügt etwas äußerst Bedeutsames hinzu, was sie bisher noch nicht erwähnt hatte: »Über das ganze Traumbild in seiner Weite, um die Pfeiler der Porta Aurea, dort und hinter den Fensterarkaden, flutet ein weißes, mediterranes Licht.« Über der ganzen Traumlandschaft liegt also eine einheitliche Lichtatmosphäre, die alle Einzelheiten zu einer Einheit zusammenschauen lässt. Dazu ist es besonderes Licht: mediterranes von großer Intensität und Klarheit, das Licht, das die großen Maler zu Beginn der Moderne inspirierte, die es künstlerisch zum Licht ihrer Bilder transformierten, Maler, die der Träumerin etwas bedeuten! Darüber hinaus ist es »weißes Licht«, ein nicht nur atmosphärischer, nicht nur künstlerischer, sondern ein mystischer Terminus, von Schauenden und Wissenden in Ost und West gebraucht. Wo »weißes Licht« einbricht, geht es um letzte Erkenntnis, geht es um das Licht der Transzendenz. Dies ist ein Aspekt, der der Träumerin anfangs wohl befremdlich erschien. Dennoch gehört es entscheidend zu diesem Traum, als wolle es anstelle des verlorenen Gottesbildes, jenes gestürzten Tyrannen, als klare, erhellende, ja erleuchtende Lichtatmosphäre die Lebenslandschaft der Träumerin durchdringen und deren schroffe Kontraste miteinander verbinden. Hier deutet sich auch ein möglicher Übergang in eine neue spirituelle Entwicklung hinein an.

Wegweisend und nährend: Die Ankunft der Muttergottes-Ikone

Bereits vier Monate früher hatte die gleiche Frau einen erstaunlichen Traum geträumt, in dem ihr auf einem Fluss eine Madonnen-Ikone, die Tichvinskaja, ein Typus der »Wegführerin« (ein Hodigitria-Typ) entgegentreibt. Der Traum lautet in ihrer eigenen Niederschrift:

»Auf der inneren von fünf Linien, Notenlinien, gleitet eine Ikone. Es ist der Fluss, auf dem die Tichvinskaja, ein

Hodigitria-Typ, das ist ›Wegführerin‹, dahintreibt, zu deren Legende gehört, dass sie auf dem Sjas bei Tichvin an das Ufer geschwemmt wurde. Im Näherkommen wandelt sie sich in die Lucca-Madonna des Jan van Eyck, einer Lactans.«

Die »Lactans«, das ist der Ikonentyp einer stillenden Madonna. Im Herantreiben auf dem Fluss – sie wird landen, sagt die zugehörige Legende – verwandelt sich diese Marien-Ikone vom Typ der Wegführerin sogar in den einer stillenden Madonna. Zu den Assoziationen um die Madonna des Jan van Eyck gehört auch, dass die Großmutter der Träumerin eine geborene »Eick« war. Die Madonna, eine Wegweisende, Nährende, Stillende, verbindet sie also mit dem mütterlichen, dem großmütterlichen Element ihrer Familie. Der ganze Traum zeigt eine Verbindung mit der »Großen Mutter« an: Die Ikone gleitet auf der mittleren von fünf Notenlinien zu ihr heran, also wie eingebettet und geleitet von Musik. Musik im Traum zeigt immer an, dass das entsprechende Bild von einem starken, tiefen Gefühlston begleitet ist. Wegführerin und stillende Mutter möchte ihr das Ikonen-Gottesbild also werden, das vom Lebensfluss zu ihr herangetragen wird.

Die Brücke zurück

Ein Jahr später träumt die gleiche Frau von einem schwierigen – viel Schmerzliches wiedererweckenden – aber gelingenden Fluss- und damit auch Lebensübergang:

Wenn sie hinüberkommt, kann ihr Leben weitergehen. Daran hängt nun alles.

Auslaufmodell oder Antiquität – Von Mitte sechzig bis über die Siebziger-Schwelle

In die Lebensphase jenseits der Sechzig fällt für viele Menschen die Krise, die die Pensionierung mit sich bringt. Oft trifft sie die Männer noch stärker als die Frauen. Es erhebt sich die große Frage, die natürlich schon in den früheren Phasen latent vorhanden war: Was bin ich eigentlich, wenn ich »nichts« bin, wenn ich jedenfalls in beruflicher Hinsicht nichts mehr bin? Je stärker ein Mensch mit seinem Beruf identifiziert war, desto mehr stürzt ihn der Verlust der Berufstätigkeit in eine tiefe Identitätskrise. Aber der Traum eines Mannes in diesem Alter, der wegen seiner Pensionierungskrise Therapie aufgesucht hat, erzählt auch das andere:

Die wartende Kutsche der Anima

»Vor meinem Firmengebäude wartet eine Kutsche, gelenkt von einer attraktiven und klugen Frau. Sie sagt zu mir: ›All die Jahre, die du in der Firma warst, habe ich schon auf dich gewartet. Ich steige begeistert ein und habe mit dieser Frau und dieser Kutsche die interessantesten Erlebnisse, vor allem auch in solchen Bereichen, in die ich mich mein Leben lang bisher nicht vorgewagt habe.«

Eine Animagestalt zeigt dem Träumer, dass auch jetzt noch neue Entwicklungsmöglichkeiten bestehen, im erotischen und im intellektuellen Bereich, die durch die Berufswelt lange genug blockiert gewesen waren. Er besucht, inspiriert von dieser inneren Traumfrau, die Universität des dritten Lebensalters, wo er seine früheren Lieblingsfächer Philosophie und Physik hört, lernt auf der Zugfahrt zu der Universität immer wieder einmal interessante Menschen kennen, wagt sich gelegentlich auch mit einer attraktiven Frau ins Gespräch. Schließlich greift er seine alten Hobbys Reiten und Bergwandern wieder auf, sein Leben füllt und belebt sich wieder, auch mit einem neuen Freundeskreis. Die innerste Belebung aber besteht in dieser Animagestalt, die, wie sie sagt, »während all seiner Berufsjahre schon auf ihn gewartet hat« und ihm nun die Inspiration seiner Seele vermittelt.

Der Träumer fühlt sich in dieser Phase – wie so mancher andere auch – in der neuen Gefühlsentwicklung von seiner Frau allein gelassen, findet in dieser Zeit aber zu seiner inneren Frau, die ihm neue Lebensbereiche erschließt.

Die gegengeschlechtlichen Anteile unserer Person sind in diesem Alter meist so weit integriert, wie sie überhaupt integrierbar sind, die Frau wird dementsprechend eigenständiger, willensbetonter und folgt eventuell während der letzten Berufsjahre bewusst fachlichen und geistigen Interessen, während der Mann gefühlsbetonter, beziehungsbedürftiger und vielleicht beziehungsfähiger wird. Er fühlt sich in dieser Phase von seiner Frau gelegentlich nicht verstanden, weil sie in dieser Zeit gerade erhöhte Aktivität in der Außenwelt sucht und sich manchmal selbst von der intimen Beziehung zurückzieht.

Manche Beziehungen, manche festgefahrenen Ehen scheitern an dieser Phasenverschiebung und Rollenvertauschung zwischen Frau und Mann, andere erneuern sich, indem sie einen bewussten Rollentausch vornehmen, indem der Mann zum Beispiel nun sensibel und emotional der Frau den Rücken stärkt, wenn sie zu der Zeit womöglich in einer neuen sozialen oder politischen Verantwortung steht. Der Mann füllt nun eine Rolle aus, die die Frau zuvor oft jahrzehntelang für ihn und seine berufliche Karriere übernommen hatte.

Alt und weise

Der Ich-Komplex wird im späteren Erwachsenenalter zunehmend vom Archetyp des »Alten Weisen« beziehungsweise der »Alten Weisen« beeinflusst, wie er zum Beispiel in Märchen geschildert ist, in denen diese Gestalten aus großer Lebenserfahrung heraus so manche Lebenssituationen zu beurteilen vermögen, weshalb sie auch auf der Höhe wohnend vorgestellt werden, wo ratsuchende junge Menschen sie gelegentlich aufsuchen. Von ihrem Überblick aus vermögen sie Orientierung zu geben, Denkanstöße, auch Kritik und damit die jüngeren Menschen auf deren Weg zu schicken.

Mit dem Archetyp des »Alten Weisen« beziehungsweise der »Alten Weisen« in Beziehung zu treten bedeutet, wie Erikson es ausdrückt, »erfüllte und gelöste Anteilnahme am Leben im Angesicht des Todes« (Erikson 1964, 171).

Auch wenn es Ausnahmen gibt, wie den gerade in seinem Alter ehrfurchtgebietenden Nelson Mandela, der die Erfahrung eines ganzen leidvollen Lebens in die Politik einbringt, wird in dieser Lebensphase das Handeln doch im Allgemeinen zunehmend mit der jüngeren Generation geteilt und ihr anvertraut. Gewiss erfolgen noch Stellungnahme und Einflussnahme, oft energisch mit der Autorität des Alters vorgetragen – ich erinnere noch einmal an Heinrich Albertz und Helmut Gollwitzer mit ihrem gerade im Alter wegweisenden politischen Handeln –, aber diese Einflussnahme erfolgt im Allgemeinen nicht mehr kontinuierlich, jedenfalls wenn die betreffenden Menschen ihre Altersstufe recht verstehen. Eine neue Freiheit von jeglichem gesellschaftlichen Rollenzwang, vom Archetyp des »Weisen Narren« getragen, ermöglicht vielmehr sowohl das Loslassen wie auch die mutige politische Einzelaktion.

Allmählich setzen Rückzug und Rückschau ein: Die Rückschau, wenn nicht als bloße Aufwertung des Vergangenen und Entwertung des Gegenwärtigen verstanden, fördert ein weiteres Mal die Introspektion und Introversion. So wird noch einmal eingeholt, was die Essenz der lebenslangen Beziehungen war, sowohl der mitmenschlichen Beziehungen, des Eroserlebens, als auch der Beziehung zu sich selbst. Letztlich wird, wie zum Beispiel auch in Carl Gustav Jungs Alterswerk, ein Bezug zum großen Ganzen, zum überpersönlichen Selbst, zu der Anima mundi, der »Weltseele« und der zugehörigen Weisheit gesucht und gefunden.

Eine Heimat zum Mitnehmen

Eine schöne Möglichkeit dieser Altersstufe ist, dass sich aus dem Abstand heraus auch ein mildernder Blick auf traumatisierende Erlebnisse der Lebensgeschichte ergibt. So vermochte eine Frau jenseits der Sechzig zum ersten Mal das Schicksal der Vertreibung, das sie seit ihrer Jugend traumatisiert hatte, mit neuen Augen zu sehen:

»In einem russischen Schiff fahre ich an der Kurischen Nehrung vorbei und sehe die Landschaft meiner Kindheit noch einmal in vollem Glanz. Ich fahre an all den Orten und Häusern noch einmal vorbei, die mir etwas bedeutet haben, und grüße innerlich die Menschen, die heute dort wohnen. Aber auch das Schiff erscheint mir schön, ich habe ein versöhnliches Gefühl, auch wenn ich weiß, dass ich nie mehr hier werde leben können« (Kast 1982, 50 ff.).

Sie weiß angesichts dieses Traumes zugleich, dass ihr niemand mehr nehmen kann, was jene Zeit an der Kurischen Nehrung für sie bedeutet hat und was sie ihr als »innere Heimat« bis heute ist.

Der wiedererstandene Vater

Verstorbene Menschen, deren Verlust wir tief betrauert haben, können – gerade nach einigen Jahren – in unserer Erinnerung und Liebe gleichsam »auferstehen« und werden von da an unverlierbare innere Begleiter. So träumt eine 68-Jährige, die den vor vier Jahren verstorbenen hochbetagten Vater bis zum Ende betreut hat, nun von ihm:

»Ich sehe den Vater, der hingefallen ist, so liedschäftig am Boden liegen, wie er in der ganzen letzten Zeit seines Lebens eben war. Da habe ich den Impuls, ihn doch wenigstens aufzusetzen. Als das gelingt, richte ich ihn ganz auf, bis er steht. Da beginnt er auf einmal zu laufen, ganz zügig und schnell wie früher – uns allen voraus!«

Sie, die bisher wenig auf eigene Träume geachtet hatte, wundert sich sehr über diesen Traum. Da ist der verstorbene Vater wieder! Dieser Traum zeigt genau die von ihr überschrittene Schwelle: die Erinnerungs- und Trauerarbeit der vier seit seinem Tod vergangenen Jahre hat den Vater in der Psyche der trauernden Tochter wiederbelebt, er ist ein innerer Vater geworden, den sie durch ihre liebevolle Zuwendung wieder aufrichtet, bis er wieder der Vater wird, der er einmal war: nicht mehr der »liedschäftig« Gebrechliche des hohen Alters, sondern der Rüstige, Sportliche, Unverwüstliche, der er bis weit ins späte Erwachsenenalter hinein gewesen ist, in vielem der Tochter eine Leitfigur.

Es lässt sich immer wieder beobachten, dass in der Schwellenüberschreitung, die Tod, Trauer und Trauerarbeit mit sich bringen, die Verstorbenen in unseren Träumen sich wieder verjüngen, wieder in das Alter kommen, in dem sich die intensivste Beziehung mit ihnen, hier zwischen Vater und Tochter, abgespielt hat.

Doch ist noch mehr in diesem Traum enthalten. Die Träumerin, die zu der Zeit einen weiteren nahen Menschen durch eine lebensgefährliche Erkrankung begleitet, erlebte sich in den letzten Wochen selber fast so am Boden liegend wie seinerzeit den Vater. Da zeigt ihr dieser überraschende Traum am Bilde und Beispiel des Vaters, der 92 Jahre alt geworden war und somit ein Symbol des immer wieder Auferstehens, dass auch sie selber – wie der Vater in ihr – sich wieder aufrichten, wieder aufstehen und allen vorangehen könne. Es ist bemerkenswert, wie ihr der Traum zugleich sagt, dass sie selber diejenige sei, die Kraft zum Wiederaufstehen vermitteln kann, sie ist es, die den Vater aufrichtet.

Der innere Lebensgefährte

Die gleiche Frau erzählt mir zwei Jahre nach dem Tod ihres sehr geliebten Mannes, den sie tief betrauert hat, den folgenden Traum:

»Er ist wieder da. Ein alter Freund von ihm sagt verwundert, er sei doch tot, er könne doch nicht wieder da sein. Ich erwidere, dass ich das auch wisse, er sei aber trotzdem wieder da. Wir sitzen zu mehreren um den Tisch, Familienangehörige, Freunde und er, ich setze mich ganz nah zu ihm, lehne mich an ihn. Er ist wirklich da. Ich frage ihn vorsichtig, scheu, wie es denn sei da drüben, wo er jetzt sei. Es sei ganz recht, meint er in seiner nüchternen Art, die er immer hatte. Und ob es wirklich so sei, dass man – ich finde das sogar im Traum eine kindliche Vorstellung – die nahen Menschen wiedertreffe, die man verloren habe. ›Natürlich‹, sagt er nur.«

Auch dieser Traum spricht überwältigend deutlich vom innerseelischen Wiederkommen des verstorbenen geliebten Menschen. Dabei weiß die Träumerin auch im Traum nur allzu gut, dass er verstorben ist, dies wird noch verstärkt durch die ungläubige Rückfrage seines Freundes. Das Wissen darum, dass ein Verstorbener tot ist – in der Realität selbstverständlich, im Traum aber keineswegs –, gilt andererseits, wie wir an vielen Träumen beobachten, als die Voraussetzung dafür, dass wir in dem wieder Lebendigen, dem wir im Traum begegnen, nicht nur die Erinnerung vor uns haben, das erinnerte Bild, sondern ein neues Bild des Verwandelten, der bezeichnenderweise auch nicht mehr die Zeichen des Todkranken, die wir zuletzt an ihm wahrnahmen, an sich trägt, sondern der wieder gesund ist wie in seinen besten Zeiten. Dass es nicht einfach nur ein Erinnern ist, zeigt sich auch daran, dass er um das Drüben weiß: Er weiß es so nüchtern zu vermitteln, dass es der skeptischen Träumerin glaubwürdig und damit tröstlich erscheint. Der Traum gibt ihr zweierlei: die Gegenwart des geliebten Menschen, die durch ihn vermittelte tröstliche Ahnung, dass er es ›recht‹ habe in seiner neuen Existenz, und dass es zu einer Wiederbegegnung mit allen Verstorbenen kommt. Ob nur im Innenraum der Psyche – dort gewiss! – oder auch »objektiv«, muss offen bleiben, darf aber auch offen bleiben, denn bereits die unbezweifelbare Wiederbegegnung im Traum vermag zu trösten, weil dabei das psychische Kraftfeld des Vermissten in dem Träumenden wieder präsent wird, wie es auch stärkend auf ihn einwirkt.

Durchblicke nach drüben

In der Phase des späteren Erwachsenenalters werden die »Wände« unserer diesseitigen Existenz gleichsam immer durchlässiger, durchsichtiger – gewiss auch, weil sie uns »brüchiger« scheinen – und geben damit gelegentlich

»Durchblicke nach drüben« von erschütterndem Ernst und ergreifender Schönheit frei.

Ich berichte in diesem Zusammenhang den Traum einer Frau, die zu der Zeit nahe der Sechziger-Schwelle steht und den bevorstehenden Übergang auch stark in ihr Lebensgefühl aufgenommen hat. Sie war durch einen ersten tiefen gesundheitlichen Einbruch, eine Durchblutungsstörung im Gehirn, stark irritiert worden. In dieser Zeit erfuhr sie eine heftige Verunsicherung in ihrem bisherigen Selbstgefühl und in ihrer Lebenseinstellung, was ihr aber zugleich die Dimension der Transzendenz eröffnete. Der Traum, der in Alexandropolis, auf dem Heimweg von einem Ferienaufenthalt in Samothrake geträumt wurde, lautet in der Niederschrift der Träumerin:

Das Pfauenrad am Himmel: Einbruch von Transzendenz

»Es ist Nacht; ich stehe draußen unter einem weiten Himmel. In der Nähe steht eine kleine Gruppe von Menschen, einige sind mir bekannt. Ich stehe alleine und erlebe plötzlich eine bewegende und erschreckende Lichterscheinung am Himmel: Ein deutlich begrenzter Lichtschleier erscheint, einem Pfauenrad ähnlich, mit vielen Lichtpunkten in einem zarten, durchscheinenden Oval, wie eine Mandorla, sehr hell, leuchtend, nicht nur flächig, mit einer inneren Struktur durch bewegte Lichter. (Es ist sehr schwer, dieses Bild zu beschreiben.)

Diese kosmische Erscheinung verschlägt mir den Atem; ich denke an Weltuntergang, Weltende. An den Rändern des Lichtbereichs erscheinen helle Gestalten, nur als gestaltetes Licht zu sehen, die sich vom – jetzt zarteren, immer noch lichten – Inneren abheben. Am linken Rand erscheint eine deutliche, besonders große Gestalt – eine Christusgestalt? Vielleicht habe ich auch erst jetzt das Gefühl des Weltendes und meines Endes; ich falle auf die Knie und übergebe mich Gott.

Ich weiß nicht mehr, wann ich in dem mich überwältigenden Erleben die Menschen in der Nähe – ich glaube, es sind Anna und Eva und eine junge Frau, die ich kenne, aber nicht erinnere – aufmerksam mache auf das Geschehen, das sie bisher nicht bemerkt haben. Eva ist – nachdem die ›Erscheinung‹ langsam aus dem oberen Bereich nach unten sinkt, als würde sie in einer runden Bewegung die Weltkugel nach unten tragen (anders kann ich meinen Eindruck nicht beschreiben) – plötzlich außer sich vor Ergriffensein, rennt schreiend von ihrem höher als mein Standort gelegenen Platz an mir vorbei. Ich stehe wohl in der Mitte zwischen ihrem bisherigen Platz und dem, auf den sie zurast. Mir erscheint ihr Schreien und Rennen wie Hysterie, aber auch wie ein tiefstes Erschüttertsein von dem kosmischen Bild.

Der Weg, den Eva rast, endet in einem Tür- oder Fensterrahmen, den sie ungebremst hinaufrast, nicht in ihrer Gestalt, sondern in der eines pudelähnlichen Tieres, das weich und unverletzt herunterstürzt.

Wieder auf dem Boden, hat Eva ihre Gestalt wieder, wirkt aber zerrissen (auch von ihren Kleidern her); wie besessen sind auch ihre Worte. Sie sitzt jetzt links von dem Rahmen auf einem Stuhl. Irgendetwas sagt sie über ihre Brüste; es klingt wie nach einem Mythos, einem priesterlichen Frauenritual, überpersönliche Worte.

Die junge Frau bei Anna macht eine abfällige Bemerkung über Evas Äußerungen. Ich hatte zwar auch den Impuls, mich von Eva zu distanzieren, weiß aber, dass ich (oder irgendjemand) jetzt bei ihr bleiben sollte. Ich fahre die junge Frau an, ihre Äußerungen seien geschmacklos und ›einige Stufen weit unter ihrem Niveau‹. Dabei erlebe ich mich ziemlich überheblich.

Ich gehe zu Eva zurück und frage sie, was ihr jetzt guttun könnte. Sie sagt, sie wolle nackt untertauchen – in ein Wasser, von dem ich denke, sie werde darin womöglich untergehen, nicht wieder auftauchen. (Mich erinnert das an ein Bild aus Eliade: auf der Matuleasa-Straße.) Ich kann aber akzeptieren, dass es so sein muss, denke an Tod (aber vielleicht auch Wiedergeburt).«

Die Träumerin fügt hinzu: »Ob es zu Evas Schritt kommt, erlebe ich im Traum nicht mehr. Mir wäre es wichtig gewesen, weil ich – vielleicht noch im Traum, sonst unmittelbar danach – das Gefühl, das Wissen spüre, es gehe um meinen, nicht Evas Weg.«

In der Tat geht es um ihren eigenen großen Lebensübergang. Der Zeitraum und der Schauplatz des Traumes, der ihr den Atem verschlägt, ist die Nacht, das bisher Unbewusste also: »... Ich stehe draußen unter einem weiten Himmel.« Einige Menschen, vielleicht auch eine Therapeutengruppe, wie sie hinzufügt, Menschen also, die heilend wirken, sind immerhin in ihrer Nähe. Doch steht das Traum-Ich hier für sich alleine und erlebt in diesem »Für-sich-Sein« nun »plötzlich eine bewegende und erschreckende Lichterscheinung am Himmel«. Mehrere Merkmale lassen erkennen, dass es sich bei dieser Vision um ein Ganzheitsbild handelt: die Mandorla-Form und die Farbfülle des augenübersäten Pfauenrads. Von der Erscheinung einer *Cauda pavonis,* dem »Pfauenschwanz«, sprechen die Alchimisten, wenn die Vollendung ihres Umschmelzungs- und Transformationsprozesses und damit die Vollendung ihres Opus naht. Von der Mandorla-Form umgeben, der Form einer umschließenden Mandelschale – eines sich öffnenden Muttermundes –, malen buddhistische, hinduistische und christliche Künstler die Epiphanie einer Gottheit.

Wo die Mandorla auftaucht, ist göttliche Epiphanie zu erwarten. In Gestalt eines Ovals erschien der großen Visionärin des 12. Jahrhunderts, Hildegard von Bingen, das ganze Weltall zugleich als ein Bild des »Leibes Gottes« (Riedel 1994, 117–128), ebenfalls durch innere Lichter strukturiert wie bei der Träumerin.

Es ist nachvollziehbar, dass diese ungeheuerliche Erscheinung der Träumerin zunächst einfach den Atem verschlägt. Gedanken an Weltuntergang und Weltende, auch an ihr eigenes Ende, springen in ihr auf. Wo die Mandorla erscheint, entsteht immer so etwas wie ein Tor für weitere Epiphanien. Zu den inneren Lichtern der anfänglichen Erscheinung gesellen sich nun Lichtgestalten, Wesenheiten, die nur als gestaltetes Licht zu sehen sind. So schaute die Visionärin Hildegard von Bingen die Engel. Könnte es sich hier um etwas Ähnliches handeln: um in Licht verwandelte Seelen? Ein überwältigendes und tief berührendes Bild!

Schließlich erscheint am linken Rand des Bildes, also in der symbolischen Region des bisher Unbewussten, eine deutliche, besonders große Gestalt. »Eine Christusgestalt?«, durchfährt es die Träumerin. Sie hält fest: »Vielleicht habe ich auch erst jetzt das Gefühl des Weltendes: Ich falle auf die Knie und übergebe mich Gott.« Es ist keine Frage für sie in dem Traum, was sie tun kann, wenn das Ende kommt: In fragloser, erschütterter Hingabe überlässt sie sich Gott – in einer Selbstverständlichkeit, die sie im Wachzustand und im Rückblick auf den Traum wundert und zugleich tröstet.

Erst nach langer Zeit, wie erwachend, nimmt die Träumerin wahr, dass die Menschen in ihrer Nähe – Anna, Eva und eine weitere ihr bekannte junge Frau – das Geschehen noch nicht bemerkt haben. Nun macht sie die anderen auf die kosmische Erscheinung aufmerksam. Die »Erscheinung« sinkt indessen »langsam aus dem oberen Bereich nach unten«, als würde sie in einer runden Bewegung die Weltkugel von unten tragen. Auf einmal ist nun Eva völlig gepackt von dem Geschauten. Eva, eine Schwesterfigur des Ich, nimmt später als diese selbst wahr, was geschieht, zeigt sich aber leidenschaftlicher und unmittelbarer davon ergriffen – in einer Ausdrucksstärke und Expressivität, die das Ich nicht ganz so zulassen kann, die aber letztlich doch zu ihm gehört.

Wie das Ich der Träumerin auch räumlich in der Mitte zwischen Evas bisherigem Platz und dem, auf den diese zurast, steht, so steht es auch emotional in der Mitte zwischen einem solchen Gefühlsausbruch und eben noch bewahrter Fassung: »Mir erscheint ihr Schreien und Rennen wie Hysterie, aber auch wie ein tiefstes Erschüttertsein von dem kosmischen Bild.« Der Weg, den Eva entlangrast, endet in einem Tür- oder Fensterrahmen, auf den sie ungebremst zurennt – steckt in diesem Motiv womöglich auch ein suizidaler Impuls? –, doch nun plötzlich nicht mehr in ihrer eigenen Gestalt, sondern in derjenigen eines pudelähnlichen Tieres, das weich und unverletzt offenbar die Außenmauer hinunterstürzt. – Soll diese Verwandlungsfähigkeit in einen Pudel vor allem ein gnadenhaft schützendes Element in diesen ekstatischen Lauf hineinbringen? Oder ist Eva in ihrer Ekstase plötzlich die schamaninnenhafte Fähigkeit zur Verwandlung in ein Tier gegeben? Handelt sie plötzlich nur noch instinktiv, wofür diese Verwandlung in den Pudel auch stehen könnte? Jedenfalls bleibt sie durch die Verwandlung wohlbehalten, sie fällt weich und unverletzt. Doch als Eva wieder auf den Boden, in ihre menschliche Gestalt zurückkehrt, wirkt sie dennoch wie zerrissen. Wieder kommt etwas Schamaninnenhaftes ins Spiel, wie von etwas Überpersönlichem obsediert, klingen ihre Worte, magisch rituell. Es geht um ihre Brüste, ihre Weiblichkeit. Die Traumszene erinnert auch an die so genannte »Besessenheitskrise«, die entscheidende Phase in schamanistischen Heilungsritualen, während der die so Erkrankte am Potenzial einer Göttin, eines Gottes Anteil bekommt und dabei ihre Ganzheit, ihre Heilung wiedererlangt.

Doch nun wird es der jungen Frau neben Anna zu viel, sie ist ebenfalls eine Schwesterfigur der Träumerin, zugleich eine »Schattenschwester«, macht sie doch eine abfällige Bemerkung über Evas ekstatische Äußerungen. Wie nahe sie damit dem Ich der Träumerin steht, zeigt sich darin, dass auch das Traum-Ich in diesem Moment den Impuls hat, sich ihr anzuschließen und Eva zu kritisieren. »Spüre den Impuls, mich von Eva zu distanzieren, weiß aber, dass ich (oder irgendjemand) jetzt bei ihr bleiben sollte.« Angesichts der Abwehr jener anderen Frau verfällt das Traum-Ich nun ins Gegenteil: »Ich fahre die junge Frau an, ihre Äußerungen seien geschmacklos und seien ›einige Stufen weit unter ihrem Niveau‹. Dabei erlebe ich mich als ziemlich überheblich.« Die Ambivalenz des Traum-Ichs gegenüber Eva einerseits und jener jungen Frau andererseits zeigt an, dass sie selbst in dem Moment noch zwischen den Extremen schwankt, Evas Ekstase als adäquat zu akzeptieren oder als inadäquat abzulehnen. Auch der kritischen jungen Frau gegenüber, die ihrem eigenen Denken so nahe steht, erlebt sie sich als überheblich. Erst nach diesem selbstkritischen Durchspielen der extremen Positionen an ihren symbolischen Vertreterinnen im Traum kann sie sich der Schwesterfigur Eva offen zuwenden: »Ich gehe zu Eva zurück und frage sie, was ihr jetzt guttun könnte. Sie sagt, sie wolle nackt untertauchen …« Nackt untertauchen – ein uraltes Heil- und Taufritual – kommt der Träumerin dabei in den Sinn. Zwar regt sich im Traum-Ich noch einmal ein angstvoller Impuls im Blick auf dieses nackte Eintauchen ins Wasser, das Eva sich wünscht: Sie könnte darin untergehen. Das Traum-Ich ist eher skeptisch, aber doch nicht ohne Hoffnung für Eva.

Die fraglose Selbstübergabe der Träumerin an Gott zu Beginn des Traumes hebt sich ab von Evas ekstatisch-kopfloser Reaktion und ist in ihrer Ergriffenheit dennoch mit Eva verwandt, bis hin zu deren Sturz über den Fenstersims, zu deren Rückverwandlung ins Animalisch-Instinktive und schließlich zu dem ersehnten nackten Eintauchen ins Wasser. Es scheint angesichts transzendenter Erlebnisse, wie sie in diesem Traum erscheinen, wichtig, das Leibliche und das Weibliche, wie es in der Gestalt Evas erscheint, nicht zu überspringen beziehungsweise gar zu verachten. Ist es Zufall, dass die beiden Seitenfiguren des Traum-Ichs Frauen sind und Anna beziehungsweise Eva heißen? Geht es nicht um Einbringung des Weiblichen gerade dann, wenn es um das Ende der Welt oder des eigenen Lebens und damit zugleich um dessen mögliche Vollendung geht? Das Traumbild von dem kosmischen Pfauenrad lässt sich ja sowohl auf das Ende, vielmehr die Vollendung der Welt wie auf das Ende beziehungsweise die Vollendung des eigenen Lebens der Träumerin beziehen. Die *Cauda pavonis,* die Mandorla sind nicht nur Ganzheitsbilder im Blick auf das Ende, sondern auch im Blick auf das sich vollendende Selbst des betreffenden Menschen. Das Traum-Ich jedenfalls spürt entweder noch während des Traums selbst oder doch unmittelbar danach, dass Evas Weg, zuletzt deren Wunsch nach dem nackten Eintauchen ins Wasser, zugleich den eigenen Weg betrifft: »Ob es zu Evas Schritt kommt, erlebe ich im Traum nicht mehr; mir wäre es wichtig gewesen, weil ich – vielleicht noch im Traum, sonst unmittelbar danach – das Gefühl, das Wissen spüre, es gehe um meinen, nicht Evas Weg.«

Der Traum ermöglichte der Träumerin, in der Phase des Alterns und ernster gesundheitlicher Einbrüche eine neue

Einstellung zum »Weltuntergang«, das heißt in diesem Fall auch zu ihrem eigenen künftigen Tod zu finden. Sie vermag darin auch eine Perspektive der Vollendung zu erahnen. – Die Auseinandersetzung mit der als exaltiert empfundenen Eva spiegelt die Ambivalenz, in der sie sich bis zuletzt ihrer eigenen Ergriffenheit und Hingabebereitschaft gegenüber erfährt. Der Traum endet damit, dass Eva in ein Wasser einzutauchen gedenkt, ob zu einer »Taufe in den Tod«, muss offen bleiben. Aber das Taufmotiv enthält ja immer auch die Vorstellung von einem Durchgang durch eine Art von »Sterben des ›alten Menschen‹«, Taufe meint einen radikalen Lebensübergang. Natürlich betrifft dieser, wie das Ich der Träumerin spürt, nicht nur jene Traumfigur Eva, diesen Anteil von ihr, der zuerst danach verlangt, sondern sie selbst als ganze Person.

Begegnung mit »Schwester Tod«

Eine andere Frau, damals im 57. Jahr stehend, die nach der Diagnose von Gallenkrebs nur noch fünf Monate zu leben hatte, träumte, als sie die Ahnung ihres nahen Endes nicht mehr vor sich verbergen konnte, den folgenden Traum, der sie erschütterte und zugleich tröstete:

Eine dunkle Frau, dunkel in Kleidung, Hautfarbe und Ausstrahlung, kommt, um sie abzuholen. Die Träumerin erschrickt zutiefst. Doch da verspürt sie auf einmal etwas Vertrauenerweckendes in dieser dunklen Frau, etwas Erdhaftes, Warmes, von dem sie fühlt, dass sie sich ihm anvertrauen kann.

Vor allem verwundert und überrascht sie der äußerst farbenfrohe und abenteuerliche Hut, den diese Frau trägt. »Es gibt also Farben auch dort, woher diese Frau kommt und wohin sie mich auch führen wird«, schließt die Träumerin aus diesem Hut und wagt es nun, ihren Widerstand aufzugeben und sich unter das Geleit dieser Frau zu stellen.

Der Träumerin war nach diesem Traum klar, dass es keinen anderen Ausweg gäbe, als sich dieser dunklen Macht anzuvertrauen, die sie unwiderruflich zum Mitkommen aufforderte. Es war für sie keine Frage, dass ihr in dieser Frau – es war fraglos eine Frau – die »Schwester Tod« begegnete, wie auch Franz von Assisi sie nannte, die nun kam, um sie abzuholen. Als sie wagt, sich auf die zunächst erschreckende Gestalt näher einzulassen, als sie sie anblickt, verändert sich der Eindruck von ihr auf bewegende Weise. Hinter der Dunkelheit ihrer Kleidung, ihrer Haut und ihrer Ausstrahlung wird das Erdverbundene spürbar, das auch zu dieser Frau gehört und das der Träumerin, die sich selber in vielfacher Hinsicht mit der Erde verbunden fühlt, Vertrauen einflößt. Endgültig weicht das Grauen von der Träumerin, als sie den farbenfrohen abenteuerlichen Hut dieser Botin von drüben wahrnimmt. Damit hat sie nicht gerechnet, doch es tröstet sie zutiefst, da sie als Malerin und Batikerin mit Farben vertraut ist und in Farben lebt. Wo Farben sind, da ist für sie Leben in irgendeiner Form. Wenn nun selbst die Todesbotin, die »Schwester Tod«, offenbar Sinn für Farben und sogar für abenteuerliche Hüte hat, dann hat sie etwas von dem, dem die Träumerin sich anzuvertrauen wagt. Dann »stimmt« diese Begegnung für sie, so überraschend und bedrohlich sie zunächst auch in ihr Leben einbrach. Auf diesen Traum hin konnte die Träumerin bemerkenswert gesammelt und jedenfalls frei von Panik in den Sterbeprozess der darauf folgenden Wochen hineingehen, solange sie sich aufrechthalten konnte.

Das höhere Alter

Bescheidung

Heiterkeit, güldene, komm!
FRIEDRICH NIETZSCHE

Im höheren und hohen Alter nun, der Spanne zwischen dem fünfundsiebzigsten und dem neunzigsten Jahr, erfolgt irgendwann der Rückzug (Riedel 2009), auch wenn es manchen Menschen vergönnt ist, bis ins neunzigste Jahr hinein frisch und körperlich so weit beweglich zu bleiben, dass sie Vortragsreisen machen und Treffen früherer Seminarteilnehmerinnen besuchen und mitgestalten können, wie es eine meiner frühesten theologischen Lehrerinnen noch kann.

Für Unwissende sei das Alter wie Winter, meinte Voltaire, für Gelehrte sei es Weinlese und Kelter, und dabei meinte er gewiss nicht Stubengelehrte, sondern eher vom Leben gelehrte Leute. Egoismus und starres Festhalten am sich entziehenden Leben oder aber gelassenes, weises Hingeben des Willens sind die beiden Möglichkeiten, die von alten Menschen oft wechselweise realisiert werden und mit denen die langsame Rückorganisation des Ich-Komplexes auf das Körper-Ich hingenommen wird. Allmählich kann auch der Ich-Komplex an Kontinuität verlieren.

Im Grunde tendiert unser Leben, so scheint es mir immer mehr, auf die Fähigkeit des Sich-hingeben-Könnens hin – an das größere Selbst, das letztlich mit dem Selbst der ganzen Menschheit vernetzt ist, mit der Anima mundi, die das Einzelwesen zuletzt wieder in sich aufnimmt und aufhebt. Zuletzt ist das Sichhingeben an den Tod von uns verlangt, der ursprünglich ein Archetyp der Wandlung ist – Wandlung auf eine neue Geburt hin?

In den alten dreiphasigen Gottesbildern, zum Beispiel in der Vorstellung von der dreifachen Göttin im alten Kreta Persephone, Demeter und Hekate, zeigt sich die tiefe Einsicht, dass sie im Laufe des Lebens aufeinander folgen wie im Laufe des Jahres, wo Persephone als die junge Frühlingsgöttin, Demeter als die reife und fruchtbare Mutter in der Mitte des Lebens und Hekate als die greise Herbst- und Todesgöttin erscheint, in deren Schoß sich zugleich die Wandlung zum neuen Frühjahr vollzieht. Vor allem in den weiblichen Gottesvorstellungen ist dieses Prinzip der Wandlung, des Durchgangs von der Jugend zur Reife in das Alter, den Tod und das Wieder-neu-Werden enthalten.

Die Anforderungen des Alters, die sich immer stärker zeigenden Einschränkungen zu bestehen, wird von dem einen Menschen mit einem wütenden: »Seit ich nicht mehr laufen kann, sehe ich nichts mehr von der Welt« und von einem anderen mit dem staunend-gelassenen Ausspruch: »Seit ich mich nicht mehr bewegen kann, sehe ich die Blumen viel genauer« aufgenommen und angenommen. Und es ist dieses Gelöstsein, das sich in dem zweiten Ausspruch zeigt, das den Altgewordenen auszeichnen kann.

Die Zeit des grauen Königs

Etwas von diesem Gelöstsein spricht aus dem Traum einer 76-Jährigen, in dem sie sich in einer weiten norddeutschen Landschaft vorfindet, ihrer Lieblingslandschaft, die sich unter einem weiten, von hohen Wolkenfeldern durchzogenen Himmel hindehnt. Über allem liegt als Atmosphäre und Stimmung ein lichtes, sanftes Grau. Es ist herbstlich und doch hell, leicht dunstig. Der graue König habe den roten abgelöst, heißt es in dem Traum.

Diesen Traum träumt sie nach einer für sie sehr beglückenden Spätsommerreise, die sie gemeinsam mit einer Freundin durch die nördlichen Ebenen von Mecklenburg-Vorpommern gemacht hat. Natur und Kultur, die romanischen Backstein-Kirchen, in denen sie mehrmals, durch glückliche Zufälle begünstigt, die strenge alte Musik hören konnte, die sie liebt, bildeten für sie eine Einheit – hinzu kamen gute menschliche Begegnungen. Über allem lag für sie, die die leidvolle und schuldbeladene deutsche Geschichte und den Zweiten Weltkrieg, der ihr frühes Erwachsenenalter geprägt hat, sehr bewusst miterlebt und mitgetragen hatte, ein versöhnliches Licht. Dass wir diese Gegenden, die zur ehemaligen DDR gehörten, wieder frei bereisen können, dass wir Kontakt aufnehmen können mit den Menschen, die hier leben, dass wir – trotz mancher Gegensätze, die aus der Trennungsgeschichte erwuchsen, die gemeinsame Kultur, die sich in Kirchenbauten und Musik widerspiegelt, wieder auffinden dürfen, das erlebte sie als etwas Verbindendes, das tröstet. Dieses Versöhnliche, das auch ihr eigenes Leben wieder einte, erlebte sie in dem für sie stimmigen, gedämpften und milden grauen Herbstlicht, das während der Reise über allem gelegen hatte.

Das jetzt in der Phase des Alters bestimmende und beherrschende Prinzip – so deute ich den »König«, von dem im Traum die Rede ist – ist nun das Graue, das sanft Verbindende, nicht mehr das Rote, das Kämpferische und Leidenschaftliche. Das »Rote« würde die Gegensätze und Gegenpole des Lebens aufreißen und konfrontieren, statt sie zu versöhnen. Das dominierende Prinzip für diese 76-jährige Frau ist jetzt das Graue, der graue König, der den roten, der in den früheren Lebensphasen herrschte, abgelöst hat.

Für die Träumerin ist Grau auch ihre Lieblingsfarbe, eine vornehm-aparte, dabei zurückhaltende Note sowohl in ihrer Kleidung als auch in ihrem Wesen, und sie kann sich jetzt im Alter freier als zuvor dazu bekennen. Sie liebt das lichte Grau in der Atmosphärenmalerei eines ihrer Lieblingsmaler, Turner, sie liebt es in der Atmosphäre des frühen Herbstes über den norddeutschen Weiten, sie liebt es als Ausdruck ihrer späten Lebensphase und ganz besonders, nachdem sie über ihren phasenentsprechenden Traum reflektiert und im Freundeskreis über ihn gesprochen hat.

Das spezifische Altersgefühl

Dass Altwerden auch ein Gewinn, ja ein Glück sein kann, betont Jakob Grimm (zit. Bloch, 1959, 39) in seiner Rede über das Alter, die er selber in seinem 75. Jahr gehalten hat. Durch alle Wünsche des Alters hindurch gehe der zentrale Wunsch nach Ruhe. Selbst körperliche Behinderungen würden durch den Ruhewunsch gemildert und ihm zugeordnet. So habe sogar mögliche Taubheit nach Grimm noch das Gute, dass überflüssiges Geschwätz einen nicht mehr unterbreche. Und das Abnehmen des Sehvermögens wiederum bewirke, dass viele störende Einzelheiten verschwänden. Grimm erinnert in diesem Zusammenhang an Teiresias, den blinden Seher. Sicher ringt Grimm hier mit einigem Humor noch dem schwer Erträglichen das Positive ab, doch auch Rudolf Daur, einer der Begründer der Gemeinschaft »Arzt und Seelsorger«, hat einmal von den »Segnungen des Alters« gesprochen, als man sich nach einem lauten Abend bei ihm für die Störung seiner Nachtruhe entschuldigen wollte – er habe dankenswerterweise gar nichts davon gemerkt.

Weiter malt Grimm in seiner Rede den Genuss aus, den

ein einsamer Spaziergang gewähren könne, wie denn überhaupt im Alter das Gefühl für die Natur steige. Wenn die Welt am Abend sich verdunkele, werde das Wasser hell, die letzte Neige des Lebens gehöre der Beschaulichkeit, in der vergangenes Leid gemildert, vergangenes Glück windstill in der Erinnerung erneuert werde. Die Erinnerung, die die Essenz aus dem Erlebten zieht, ist im Alter stärker als das Gegenwartsbewusstsein. Die Meißelschläge des Lebens haben – so Grimm – eine Gestalt herausgearbeitet: Wesentliches sei in dieser Gestalt besser denn je sichtbar. »Ein längst Vergangenes kann im Alter so nahe aussehen wie ferne Berge, kurz vor dem Regen«, schreibt Ernst Bloch (Bloch 1959, 39).

Überraschenderweise finden sich bei Ernst Bloch im »Prinzip Hoffnung« bemerkenswerte Gedanken über das Alter. Er reflektiert über »das spezifische Altersgefühl«, das durch die schon vorher durchschrittenen und »eben keineswegs so scharf erlebten Stufenwechsel« doch nur wenig präpariert und als ein zuvor nicht Bekanntes wahrgenommen werde: »Der Grund liegt im Undeutlichen oder im nicht genug deutlich Gemachten des Gewinns, den das Alter bringt, bei allem brutal Negativen, das damit verbunden sein mag« (Bloch 1959, 41). Auch Altwerden könne ein Wunschbild enthalten. Für Bloch wären es die Bilder »Überblick und Ernte«. Im Allgemeinen enthielten deshalb die Spätjahre eines Menschen desto mehr Jugend, und zwar im unkopierten Sinne, je mehr Sammlung bereits in seiner Jugend war; die Lebensabschnitte, also auch die des Alters verlören damit ihre isolierte Schärfe. »Das gesunde Wunschbild des Alters und im Alter ist das der durchgeformten Reife; das Geben ist ihr bequemer als das Nehmen (Bloch 1959, 41). Es wird immer wieder berichtet, dass in der Tat der alte Mensch das Geben als würdiger empfinde als das Nehmen, obgleich er in der letzten Phase seines Lebens fast immer darauf angewiesen ist, auch das Annehmen wieder zu erlernen.

Wie Grimm betont auch Bloch den Wunsch nach Stille als das Lebensrecht des Alters. Jeder Alte wünsche die Erlaubnis, vom Leben erschöpft zu sein: »Nicht aber außer Kurs ist der tüchtige Wunsch, der dem nach Stille so angemessene, dass der Leerlauf ringsum aufhöre. Gerade Liebe zur Stille kann so der kapitalistischen Hetze ferner stehen als eine Jugend, die die Hetze mit Leben verwechselt« (Bloch 1959, 41).

Insofern kann im Alter eine zukunftsträchtigere Form des Menschseins wiedergefunden werden als manchmal in der Jugend, nämlich der Mensch, der Zeit hat für sich selbst und für andere. Die Freundinnen, die Freunde, die wirklich erreichbar sind, sind für mich die Alten. Es ist etwas unendlich Wohltuendes, ein Gespräch fortführen zu können, bis es wirklich erfüllt und ausgeklungen ist; ein Treffen am Nachmittag zwanglos bis in den Abend hinein ausschwingen lassen zu können. Erreichbar zu sein, präsent, ist die große Stärke der alten Menschen in unserer Gesellschaft. »Hier hat das Alter (mit dem die bürgerliche Welt nichts mehr anfangen kann) das Recht, altertümlich zu sein. Vornehm zu sein, eine Haltung gebend, Worte gebrauchend, überblickende Blicke sendend, die nicht aus dem jeweiligen Tag und nicht für ihn sind, Zeiten verkörpernd, worin noch nicht alles Betrieb war, vor allem: worin er wieder aufhören wird« (Bloch 1959, 41). Und Bloch kommt zu dem Fazit: »Wunsch und Vermögen, ohne gemeine Hast zu sein, das Wichtige zu sehen, das Unwichtige zu vergessen: dergleichen ist eigentliches Leben im Alter« (Bloch 1959, 41).

Gewiss ist das Alter und ist das spezifische Lebensgefühl, das ein Mensch im Alter hat, auch eine Spiegelung des gesellschaftlichen Umfelds, in dem er lebt. Gesellschaften, die nicht vor jedem Blick auf das Ende zurückschreckten, besaßen und sahen im Alter eine »blühende Frucht«, eine sehr wünschbare und begrüßenswerte: »Denn eine blühende Gesellschaft fürchtet nicht, wie die untergehende, im Altsein ihr Spiegelbild, sondern begrüßt darin ihre Türmer« (Bloch 1959, 41). So gab es in Sparta den Rat der Alten und im noch republikanischen Rom den Senat, in dem die Menschen saßen, die zwar nicht mehr die Politik zu bestimmen, aber von Fall zu Fall maßgebend zu beraten hatten.

Es kommt in allen diesen späteren Lebensabschnitten vor allem darauf an, die narzisstischen Krisen, die dadurch ausgelöst werden, dass man von so vielem zurücktreten, auf so vieles verzichten muss, irgendwie zu bestehen, sonst kommt es zu jener angstvollen Verklammerung mit dem sich entziehenden Leben, eventuell sogar zu dem Verarmungswahn, der im Alter nicht selten ist. Erikson sieht die Entwicklungskrise dieses Alters in dem Konflikt zwischen Verzweiflung und Integrität begründet (Erikson 1988, 78 f., 83 f.). Verzweiflung über unwiederbringlich verflossene Zeit, verlorene Instinkte, vermisste Intimität stehe gegen eine neue Fähigkeit zur Integration, besser »Integralität«, mit der »Tendenz, die Dinge zusammenzuholen«, wozu auch eine »retrospektive Mythologisierung« (Erikson 1988, 84) des eigenen Lebens gehören kann, eine Erhöhung einzelner besonders intensiv erlebter Abschnitte. Das können besondere Krisenzeiten wie Krieg und Flucht sein, in der manche über sich hinauswuchsen, es können neben besonderen Liebes- und Leidenszeiten auch große Taten in Beruf oder Politik sein; vor allem und in allem aber sind es die unverwechselbaren Begegnungen: »Es kommt aber auch zu einer anderen, einer zeitlosen Liebe zu jenen paar ›Anderen‹, die zu den wichtigsten Gegenspielern in den wichtigsten Lebenszusammenhängen geworden sind« (Erikson 1988, 85). Letztlich steht diese »Mythologisierung« im Zusammenhang mit einer Sinngebung des eigenen Lebens – es wird in dieser Phase »noch einmal gesammelt, was den Ich-Komplex in seiner Kontinuität ausgemacht hat, was die Quintessenz der Beziehungen war« (Kast 1990, 84).

Bewegend ist in diesem Zusammenhang die Äußerung des 85-jährigen Jung: Er habe die »ängstliche Hoffnung«, dass die Sinnhaftigkeit überwiegen und den Kampf gewinnen möge, den Konflikt zwischen Sinnhaftigkeit und Sinnlosigkeit, die für ihn beide zum Leben gehörten (Jung 1963, 359 f.). Hinzu kommt der Traum des alternden Jung von dem Yogi, der, in einer Kapelle sitzend, Jungs Leben meditiert. Der Träumer weiß, dass er in dem Moment sterben wird, in dem der Yogi aus seiner Meditation erwacht: »Als ich ihn näher anschaute, erkannte ich, dass er mein Gesicht hatte. Ich erschrak zutiefst und erwachte mit dem Gedanken: Ach so, das ist der, der mich meditiert. Er hat einen Traum, und das bin ich. Ich wusste, dass wenn er erwacht, ich nicht mehr sein werde« (Jung 1963, 326). Hatte nun Jung den Yogi oder der Yogi ihn, Jung und sein ganzes Leben geträumt?

Unmittelbar vor dem Tod ist eine Zurückorganisation auf das Körper-Ich zu beobachten, aus dem der Ich-Komplex des kleinen Kindes einmal erwachsen ist. In dieser Phase spätestens ist der Mensch aufgefordert, wieder abhängig werden zu können, und er soll offenbar die »Kunst, abhängig zu sein« (Riedel 1991) wieder lernen. Hier ist es wichtig, dass begleitende Personen durch Berühren und liebevolles Dabeisein mit diesem Körper-Ich Kontakt zu halten vermögen. Aber auch in diesem hohen Alter ist der Archetyp des Kindes und letztlich der des »Weisen Narren« (Guggenbühl-Craig 1986, 97, 104 u. a.) konstelliert, der seine Freiheit hat und wahrnimmt. Wir sollten die Alten, auch wenn das gut gemeint ist, nicht mehr in soziale Zwecke einspannen, in denen wir ihnen zum Beispiel künstlich Aufgaben zu verschaffen suchen, sondern sie wirklich in die Freiheit entlassen, die wir uns wohl auch für uns selbst wünschen, wenn wir einmal in diesem Alter sind. Eine fast 90-jährige Frau starb mit dem Traum, es seien zahlreiche junge Kälbchen und Fohlen im Stall, die ungeduldig in die Freiheit drängten.

Zusammenschau

Wenn ich zusammenfassend noch einmal einen Überblick über die wichtigsten Übergangsphasen unseres Lebens in den jeweiligen Entwicklungsphasen zu geben suche, soll das nicht bedeuten, dass dies jetzt die Idealtypik eines Lebensverlaufes darstellt, demgemäß wir leben müssten, sondern es deutet sich darin nur das Tröstliche an, dass unser Leben wirklich einer weiträumigen Wanderkarte, einem Fahrplan folgt, der anzeigt, was eigentlich in der jeweiligen Phase möglich ist und angelegt wäre. Trotzdem muss jeder von uns »zu Fuß«, wie es in etlichen Träumen heißt, seine individuellen Lebensphasen ausschreiten. Von Lebensphase zu Lebensphase sind, wie wir sahen, Schwellen zu überschreiten, Opfer zu bringen, die uns letztlich frei machen wollen für Neues. Immer wieder sind Übergänge zu bestehen, zu denen wir vor allem Zeit brauchen, Zeit für uns selbst, um sie zu verarbeiten.

Der Ich-Komplex wird, wie wir bei seiner entwicklungspsychologischen Betrachtung sahen, im Laufe der Lebensphasen immer bewusster. Seine Entwicklung erfolgt dabei spontan und autonom, auch wenn er bei der Bewältigung der Lebensübergänge und der jeweils neuen Entwicklungsstufen der emotionalen Bestätigung von außen bedarf. Die Entwicklungsimpulse, die nach Jungs Sicht jeweils vom Selbst an das Ich herangetragen werden, können von ihm jeweils integriert werden, weil die Beziehung zwischen Ich und Selbst so beschaffen ist, dass es sich als durchlässig für solche Impulse und die entsprechenden Entwicklungen erweist. Andererseits gehen die Anstöße zur Wandlung auch immer wieder vom sich verändernden Körper aus.

Welches sind nun, zusammenfassend betrachtet, die jeweils wichtigsten Entwicklungsimpulse, die das Selbst im Laufe der Lebensjahrzehnte an den Menschen, an das Ich heranträgt? Ich beschränke mich hier auf die bisher zu selten betrachteten Impulse für den Erwachsenen ab dreißig:

Bei der Überschreitung der Dreißiger-Schwelle kommt es darauf an, die Experimentierphase der Adoleszenz hinter sich zu lassen. Zum ersten Mal einigermaßen abgelöst vom Vater- und Mutterkomplex sich selber zu erfahren, sich ins Leben einzulassen, um sich selber künftig als väterlich und mütterlich zu erleben, was mit eigenen Kindern, aber auch ohne sie möglich ist. Das Thema heißt Verbindlichkeit und Verwirklichung. Dabei gilt: Wer die Dreißiger-Schwelle nicht schafft, für den kann die Vierziger-Schwelle doppelt schwierig werden. Es gilt, in diesem Leben eine Spur zu legen, an der wir und andere uns unverwechselbar erkennen. Sonst bleiben wir auswechselbar.

Bei der Überschreitung der Vierziger-Schwelle vollzieht sich zugleich die Überschreitung der Lebensmitte: Es wird bewusst, dass wir jeweils nur noch die zweite Hälfte unseres Lebens vor uns, aber auch erst die eine Hälfte des uns Möglichen gelebt haben. Falls wir phasenentsprechend leben konnten, wozu auch die Findung eines Arbeitsplatzes gehört, das Eingehen einer verbindlichen Beziehung, sind wir mit vierzig zwar etabliert, integriert, perfektioniert in unserem Fach, haben ein gewisses Ansehen und Erfolg, doch nun stehen wir vor der grundsätzlichen Frage: Was soll das alles letztlich? Mit der Überschreitung der Vierziger-Schwelle setzt eine Phase der Umkehr ein, eine Ernüchterung, die erneute Selbstkonfrontation und Auseinandersetzung mit der bilanzierenden Frage bedeutet: Was ist erfüllt, was ist nicht erfüllt in meinem Leben? Indem ich Begrenzungen meiner selbst wahrnehme, das Mögliche realistisch einschätze, erhebt sich das Problem: Was fange ich mit dem noch vor mir liegenden Teil meines Lebens an und vor allem mit dem, was von meiner bisherigen Identität geblieben ist? Für die Frau bedeutet diese Phase zugleich Ablösung von einem Körper, der empfängnis- und gebärfähig war, der »Reproduktion« erlaubte, und verlangt, eine neue Identität als Frau zu suchen und zu finden, sich auch in einer überpersönlichen Weiblichkeit zu verankern. Die Entwicklungsaufgabe für beide Geschlechter besteht in der Entscheidung, Generativität zu entwickeln, statt im Neid auf die Jüngeren und in der Selbstabsorbation steckenzubleiben, und dabei die Ablösung der Kinder beziehungsweise der Schüler und Studenten und zugleich das Altwerden der Eltern zu bestehen, also eine doppelte Ablösung zu vollziehen. Für dies alles ist die Zeit zwischen vierzig und fünfzig zugleich noch wie eine Übungsphase, während es zwischen fünfzig und sechzig ernst damit wird.

Beim Überschreiten der Fünfziger-Schwelle geht es um das Einwilligen in die nötigen Umwertungen, die die sichtbar werdenden bio-psycho-sozialen Einschränkungen mit sich bringen. Es bedeutet, den langsamen, aber unaufhaltsamen Alterungsprozess zu akzeptieren. Ein Bedenken der Situation auf das hin beginnt, wofür man sich noch oder wofür man sich gerade jetzt und erst recht einsetzen will. Eine Auswahl wird getroffen, Prioritäten werden gesetzt und ein gezielterer Einsatz der Kräfte wird versucht. Dieses Alter bedeutet die große Krise, aber auch die letzte Chance, den Narzissmus, die Eitelkeit, die egozentrische Selbstliebe zu bewältigen: Das biologische Alter gibt die Chance, sich die Begrenzungen objektiver einzugestehen als bisher, sich in den gegebenen Grenzen besser einzurichten, zumal man sie jetzt mit allen anderen Altersgenossen teilt. Es kann so endlich zu einem Einverständnis mit den Werde-Bedingungen des Lebens und damit auch mit dem eigenen Gewordensein kommen.

Jenseits der Sechziger-Schwelle eröffnen sich für diejenigen, die ihren Narzissmus einigermaßen bewältigt haben, neue Freiheiten, das zu tun, was sie schon immer tun wollten und was jetzt vor allem ansteht. Im Sinne der Alten Weisen, des Alten Weisen nimmt man nur noch punktuell Einfluss auf das öffentlich Leben, das Leben der Jüngeren und überlegt von Fall zu Fall um so genauer und bewusster, wo man andere Menschen oder auch wo man eine Sache mit auf den Weg bringen will.

Das Leben erwartet von uns offenbar eine Überwindung des Narzissmus und des Egoismus, ein schrittweises Aufgehen in einem uneigennützigen Dienst am größeren Ganzen, die Bescheidung, die der Alterungsprozess mit sich bringt, und schließlich die Einwilligung in den individuellen Tod, in das Sterben des Individuums, das man geworden ist.

Die Phasen des Lebens aber, die Lebensübergänge, die gerade für uns selber dran sind, zu erkennen, dazu helfen uns wie wenig anderes die Träume. Uns in sie zu vertiefen bedeutet, die fälligen Übergänge ernst zu nehmen und sie innerlich und symbolisch auszuschreiten. Was das Leben von Stufe zu Stufe wachsend von uns will und fordert, ist offensichtlich die Überwindung der engherzigen Egozentrik durch eine Öffnung in das größere Ganze der Mitwelt und der Innenwelt hinein, das uns umfasst und trägt und schließlich die Bereitschaft ermöglicht, in dieses größere Ganze hinein aufzugehen, wozu schließlich auch das Sterben gehört.

Letztlich geht es in all den großen Lebensübergängen darum, die Ars moriendi, die Kunst des Sterbens, wieder zu erlernen, die unsere Vorfahren als die eigentliche Lebenskunst betrachteten, loszulassen in die großen Verwandlungen hinein – im Vertrauen auf die Übergänge, die das Leben selbst uns zumutet und auch schenkt.

Literaturverzeichnis

Bachmann, Ingeborg, Werke, 3 Bände (1978 ff.), hrsg. von C. Koschel, I. von Weidenbaum, C. Münster, München

Bernauer, Ursula (1995), Die schöne Dame von Lourdes, Geschichte und Geschehen tiefenpsychologisch gedeutet, Freiburg (Herder)

Bloch, Ernst (1959), Das Prinzip Hoffnung, Frankfurt

Buber, Martin (1993, 10. Aufl.), Der Weg des Menschen nach der chassidischen Lehre, Gerlingen

Celan, Paul (1963), Die Niemandsrose, Frankfurt

ders. (1981), Gedichte, Bd. 1, Frankfurt

Dieckmann, Hans (1972), Träume als Sprache der Seele, Stuttgart

Egner, Helga, Hrsg. (1995), Lebensübergänge oder der Aufenthalt im Werden, Zürich

Eliade, Mircea (1961), Mythen, Träume und Mysterien, Salzburg

Erdheim, Mario (1988), Die Psychoanalyse und das Unbewußte in der Kultur, Frankfurt

Erikson, Erik (1950), Die acht Phasen des Menschen in: Erik Erikson (1984, 9. Aufl.), Kindheit und Gesellschaft, New York und Stuttgart

Erikson, Erik (1959), Identity and lifecircle, New York

Erikson, Erik (1964), Einsicht und Verantwortung, Frankfurt

Erikson, Erik (1988), Der vollständige Lebenszyklus, Frankfurt

Frobenius, Leo (1904), Das Zeitalter des Sonnengottes, Berlin

Grof, Stanislav (1978), Topographie des Unbewußten, Stuttgart

Guardini, Romano (1953), Die Lebensalter, Würzburg (Neuauflage Topos-Taschenbuch, Mainz)

Guggenbühl-Craig, Adolf (1968), Die närrischen Alten, Zürich (Raben-Reihe)

Jung, Carl Gustav (1916), Allgemeine Gesichtspunkte zur Psychologie des Traumes, in GW Bd. VIII (1982, Olten – Freiburg, S. 263–308)

Jung, C. G. (1936 ff.), Seminare. Kinderträume. Hrsg. von L. Jung, M. Meyer-Grass, Olten – Freiburg (1987)

Jung, C. G. (1945), Vom Wesen der Träume, in GW Bd. VIII (1982, Olten – Freiburg, S. 309–327)

Jung, C. G. (1947), Die praktische Verwendbarkeit der Traumanalyse, in GW Bd. XVI (1984, Olten – Freiburg, S. 148–171)

Jung, C. G. (1940), Zur Psychologie des Kind-Archetypus, in GW Bd. IX / I (1960)

Jung, C. G. (1954), Zur Empirie des Individuationsprozesses, in GW Bd. IX / I (1960)

Jung, C. G. (1957), Praxis der Psychotherapie, in GW XVI (1971)

Jung, C. G. (1992), Aion. Beiträge zur Symbolik des Selbst, in GW IX / II (1983)

Jung, C. G. (1990), Mysterium Conjunctionis, in GW XIV / II (1984, alle Olten – Freiburg)

Jung, C. G. (1963), Erinnerungen, Träume, Gedanken von C. G. Jung, aufgezeichnet und herausgegeben von Aniela Jaffé, Zürich – Stuttgart 1963

Jung, C. G. (1979), Der Mensch und seine Symbole, Olten – Freiburg

Kast, Verena (1982), Trauern. Phasen und Chancen des psychischen Prozesses, Stuttgart

Kast, Verena (1986), Traumbild Wüste, Walter Verlag, Olten – Freiburg

Kast, Verena (1987), Traumbild Auto, Walter Verlag, Olten – Freiburg

Kast, Verena (1994), Luftträume in: Riedel, I. (Hrsg.), Die vier Elemente im Traum, Walter Verlag, Solothurn

Kast, Verena (1984), Paare. Wie Götter sich in Menschen spiegeln, Stuttgart

Kast, Verena (1988), Das Paar. Mythos und Wirklichkeit, in: Pflüger, P. M., Hrsg., Neue Werte in Liebe und Partnerschaft, Olten

Kast, Verena (1986), Sisyphos. Der alte Stein, der neue Weg, Zürich

Kast, Verena (1990), Die Dynamik der Symbole. Grundlagen der Jungschen Psychotherapie, Olten

Kast, Verena (1995), Die Nixe im Teich. Gefahr und Chance erotischer Leidenschaft, Zürich

Krappmann, Lothar (1969, 1993 8. Aufl.), Soziologische Dimensionen der Identität. Stuttgart

Lehr, Eleonore (1984), Die Brücke. Symbolik und Bedeutung, in: Zeitschrift für Analytische Psychologie (1984, 25, S. 297–311)

Lidz, Theodor (1970), Das menschliche Leben. Die Entwicklung der Persönlichkeit im Lebenszyklus, Frankfurt

Mahler, Margret (1972), Symbiose und Individuation. Bd. I, Stuttgart

Perera, Sylvia-Brinton (1985), Der Weg zur Göttin der Tiefe, Interlaken

Pflüger, Peter Michael, Hrsg. (1991), Abschiedlich leben, Olten

Riedel, Ingrid (1983), Farben, Stuttgart

Riedel, Ingrid (1986), Traumbild Fuchs, Walter Verlag, Olten

Riedel, Ingrid (1986/1995), Demeters Suche. Mütter und Töchter, Zürich; Neuausgabe: Die verlassene Mutter, Zürich

Riedel, Ingrid, Hrsg. (1994), Die vier Elemente im Traum, Solothurn

Riedel, Ingrid (1991), Auszug und Neubeginn als archetypische Motive in: P. M. Pflüger, Hrsg., Abschiedlich leben, Stuttgart, S. 216–237

Riedel, Ingrid (1991), Wandlungen der schwarzen Frau, in: Pflüger, P. M. (Hrsg.), Wendepunkte: Erde – Frau – Gott, Olten

Riedel, Ingrid (1994), Hildegard von Bingen – Prophetin der kosmischen Weisheit, Stuttgart (Kreuz)

Riedel, Ingrid (1995), Die weise Frau in uralt neuen Erfahrungen, Walter Verlag, Solothurn und Düsseldorf

Riess, Gisela (1986), Traumbild Feuer, Olten, Diess. (1994), Feuerträume in: Riedel, I. (Hrsg.), Die vier Elemente im Traum, Walter Verlag, Solothurn

Seidel, Ina (1955), Gedichte, Stuttgart

Steffen, Uwe (1982), Jona und der Fisch. Der Mythos von Tod und Wiedergeburt, Stuttgart – Berlin

Stern, Daniel (1992), Die Lebenserfahrung des Säuglings, Stuttgart

Schönfelder, Thea (1995), Der Lebensübergang ins Alter, in: Egner, H., Hrsg. (1995), Lebensübergänge oder der Aufenthalt im Werden, Solothurn, S. 97–113

Wolkstein, Diana, mit Kramer, Samuel Noah (1983), Inanna. Queen of heaven and earth, New York

Irmtraut Tarr Krüger
Schutzengel
Boten aus dem Raum der Seele
AIRA